Veronika Kuhn | Matthias Müller Kuhn | Michael Gebhard

MIT DEN AUGEN HÖREN

T V Z

Veronika Kuhn|Matthias Müller Kuhn|Michael Gebhard

Mit den Augen hören

Menschen in der Gehörlosengemeinde – damals und heute
100 Jahre reformiertes Gehörlosenpfarramt im Kanton Zürich

Mit Porträtfotografien von Anne Bürgisser Leemann

T V Z
Theologischer Verlag Zürich

Herausgegeben vom Kirchenrat der Evangelisch-reformierten
Landeskirche des Kantons Zürich

Die Deutsche Bibliothek – Bibliografische Einheitsaufnahme
Die Deutsche Bibliothek verzeichnet diese Publikation in der
Deutschen Nationalbibliografie; detaillierte bibliografische
Daten sind im Intrenet über http://dnb.ddb.de abrufbar

Layout, Satz und Umschlaggestaltung
Mario Moths, Marl

Umschlagbild
Paul Klee, Senecio, 1922; Öffentliche Kunstsammlung Basel,
Kunstmuseum; © 2009, ProLitteris, Zürich
akg-images/Erich Lessing

Druck
ROSCH-BUCH GmbH, Scheßlitz

ISBN 978-3-290-17533-7
© 2009 Theologischer Verlag Zürich
www.tvz-verlag.ch

GELEITWORT

Im Jahre 1900 veröffentlichte der Gehörlose Eugen Suter-
meister eine aufrüttelnde Schrift, in der er die mangelnde
Seelsorge gegenüber den Gehörlosen scharf kritisierte. Dieser
Weckruf war nötig, und er wurde gehört. Während die Spi-
talseelsorge in Zürich bereits im Jahr 1682 institutionalisiert
wurde, nahm die reformierte Zürcher Kirche die spezifische
Situation der gehörlosen Menschen nicht genügend wahr.
Seit der Reformationszeit wurde das Evangelium in Zürich
auch in italienischer und französischer Sprache verkündet.
Man hat früh erkannt, dass Menschen über ihren Glauben
am Besten in der Muttersprache sprechen können. Dass die
Gehörlosen eine eigene Kommunikationsform, eine eigene
Sprache haben, dass sie daher in vielem einer fremdspra-
chigen Gemeinde gleichzusetzen sind und eine entsprechend
eigene Kultur entwickelt haben, wurde erst in den letzten
Jahrzehnten so richtig bewusst.

Am 1. September 1909 konnte dank der Initiative des
Kirchenrates und dem Entgegenkommen des Regierungsra-
tes der erste vollamtliche Gehörlosenpfarrer der Schweiz in
Zürich sein Amt antreten. Der Kirchenrat freut sich, dass
die Landeskirche seither in diesem Bereich auf eindrückliche
Weise präsent war und viel innovative Arbeit geleistet hat.

Mit Dankbarkeit kann nun das 100-jährige Bestehen des Gehörlosenpfarramtes gefeiert werden.

Das vorliegende Buch gibt Einblick in das vielfältige Leben der Gehörlosengemeinde. Die Porträts im ersten Teil belegen eindrücklich, dass die Gemeinde auch durch die vielen gehörlosen Frauen und Männer lebt, die sich mit ihren Begabungen und Interessen für die Gemeinde einsetzen. Dabei wird deutlich, wie die Gemeinde für viele Heimat geworden ist.

Die an die Lebensbilder anschliessende Chronik zeigt, wie sehr das Gehörlosenpfarramt durch starke Persönlichkeiten geprägt wurde. Es wird aber auch deutlich, dass der gesellschaftliche Wandel der letzten hundert Jahre das Verständnis des Gehörlosenpfarramts und den Charakter der Gemeinde verändert hat. Auch hier vollzieht sich – wie schon vor fünfundzwanzig Jahren von der Zürcher Disputation 84 angesprochen – der Übergang von der «Betreuungsgemeinde» hin zur «Beteiligungsgemeinde».

Der Kirchenrat dankt allen, die zur Realisierung des vorliegenden Jubiläumsbuches beigetragen haben. Und er dankt vor allem den Mitarbeitenden des Gehörlosenpfarramtes für ihr beeindruckendes Engagement.

Der Kirchenrat ist dankbar für die während 100 Jahren geleistete Arbeit im Gehörlosenpfarramt. Verkündigung des Evangeliums, Seelsorge und tätige Hilfe kamen vielen Menschen zugute. Dass der Regierungsrat des Kantons Zürich dafür über Jahrzehnte die finanziellen Mittel zur Verfügung gestellt hat, ehrt ihn und ist Grund zur Dankbarkeit.

Die reformierte Landeskirche des Kantons Zürich wird auch in Zukunft – in ökumenischer Offenheit – diese Arbeit im Dienst des Evangeliums für die und mit den gehörlosen Menschen begleiten und fördern. Der reformierten Zürcher

Gehörlosengemeinde entbieten wir zum 100-jährigen Bestehen herzliche Segenswünsche.

Kirchenrat der Evangelisch-reformierten Landeskirche des Kantons Zürich

INHALT

TEIL I   9
  Veronika Kuhn, Matthias Müller Kuhn
  Lebensbilder von Menschen aus der
  heutigen Gehörlosengemeinde Zürich

TEIL II   81
  Michael Gebhard
  100 Jahre Reformiertes Gehörlosenpfarramt im
  Kanton Zürich. Chronik

Veronika Kuhn, Matthias Müller Kuhn

LEBENSBILDER VON MENSCHEN AUS DER HEUTIGEN GEHÖRLOSENGEMEINDE ZÜRICH

VORWORT

Die im ersten Teil des vorliegenden Buchs publizierten Gespräche mit Menschen aus der Gehörlosengemeinde Zürich verstehen sich als Momentaufnahmen.

In den einzelnen Porträts erzählen gehörlose Menschen von ihrem Alltag, von ihrer Lebensgeschichte, von besonders glücklichen oder auch schwierigen Momenten und von ihrer Beziehung zur Gehörlosengemeinde in Zürich, mit der sie auf verschiedene Weise verbunden sind. Sie haben alle eine besondere Fähigkeit: Sie können mit den Augen hören, indem sie von den Lippen ablesen oder sich in Gebärdensprache verständigen.

Dem Autorenteam, Veronika Kuhn und Matthias Müller Kuhn, war es ein wichtiges Anliegen, eine Gesprächssituation zu schaffen, in der eine vertiefte Verständigung stattfinden konnte.

Wir entschieden jeweils gemeinsam mit den betreffenden Gesprächspartner/innen über Ort und Zeitpunkt des Gesprächs und ob ein Dolmetscher oder eine weitere Bezugsperson beigezogen werden sollte. Meist waren wir als Autorenteam anwesend, denn vier Augen ‹hören› und sehen mehr als nur zwei. Der eine machte Notizen, die andere führte das Gespräch, wechselweise. Uns hat immer wieder beeindruckt, wie intensiv die Anforderungen an die Kommunikation sind

und wie gerade dadurch eine Beziehung unter den Gesprächs-
teilnehmern und -teilnehmerinnen entsteht. Es braucht von
allen Beteiligten eine wache und konzentrierte Aufmerksamkeit, genau so, wie sie das gemalte Gesicht mit den grossen
Augen von Paul Klee auf dem Buchumschlag ausdrückt.

Sowohl das Ablesen von den Lippen, als auch die Ge-
bärdensprache erfordern genügend Zeit und gegenseitiges
Vertrauen, damit ein aktives, interessiertes und engagiertes
‹Zuhören mit den Augen› entstehen kann.

Die lebendige Form des mündlich geführten Gesprächs
wurde deshalb in den schriftlichen Texten bewusst beibehalten. Einer von uns verfasste jeweils den Gesprächstext, der
oder die andere lektorierte ihn.

In verschiedenen Gottesdiensten und Veranstaltungen
der Gehörlosengemeinde lernten wir diejenigen Menschen
kennen, die wir daraufhin für ein Gespräch anfragten. Dabei
achteten wir darauf, dass die Verteilung zwischen Jungen und
Älteren und den beiden Geschlechtern ausgewogen ist, um
einen möglichst bunten Teppich an Lebensbildern entstehen
zu lassen.

Die Kinder und Jugendlichen wurden an der Gehörlosenschule Zürich im Religionsunterricht besucht, in dem der
ökumenische Jugendarbeiter der Gehörlosengemeinde eine
wichtige Basisarbeit leistet.

In jedem der individuellen Porträts steht der Mensch im
Mittelpunkt und berichtet von seiner lebendigen und farbigen Beziehung zur Welt, zu den Mitmenschen und zu Gott.
Wir hoffen, mit den Porträts auch einen Beitrag zum Dialog
zwischen gehörlosen und hörenden Menschen zu leisten und
laden alle Leserinnen und Leser ein, daran teilzunehmen.

Veronika Kuhn und Matthias Müller Kuhn
im Mai 2009

INHALT

Vorwort   10

Neun Lebensbilder
entstanden aus dem Gespräch mit

Rolf Ruf (VK)   14
Beatrice El Serafi (VK)   22
Edwin Zollinger (VK)   28
Gian Reto Janki (MMK)   36
Marinus (VK)   44
Sabrina (VK)   50
Heather Schmidli (MMK)   56
Helene Kistler (VK)   64
René Mettler (MMK)   70

Schlussgedanken (MMK)   76

(VK) Veronika Kuhn
(MMK) Matthias Müller Kuhn

«Seit ich denken kann, habe ich gerne Theater gespielt. Schon als Kind in der Schule entdeckte ich diese wunderbare, künstlerische Ausdrucksform für mich», erinnert sich Rolf Ruf.

«Das Mimenspiel und die Körpersprache sind mögliche Kommunikationsformen, um miteinander Kontakt aufzunehmen. Gerade für uns Gehörlose sind sie elementare Mittel, mit denen wir auf natürliche Art und Weise verbunden sind. Als Bub, bei den Pfadfindern zusammen mit den Hörenden, habe ich mich durch Mimik und Gestik ausgedrückt, wenn die anderen mich nicht verstanden haben. Oder ich erfand schnell eine lustige Szene. Dadurch hatte ich eine gute soziale Stellung unter den anderen, denn singen zum Beispiel konnte ich ja nicht mit ihnen.»

Das besondere Schauspieltalent von Rolf Ruf fiel immer wieder auf, auch Pfarrer Eduard Kolb, der damals an der Gehörlosenschule in Zürich Religion unterrichtete und auf der Suche nach erweiterten Gottesdienstformen war, die für gehörlose Menschen geeigneter sind als reine Wortgottesdienste. In seinem Unterricht wurde mit den Schülern mit Schattenspiel experimentiert, mit den verschiedensten Theaterstücken und immer wieder mit dem Mimenspiel. Fertig ausgearbeitete Modelle für das Theaterspielen mit Gehörlosen gab es nicht.

Bis die Idee zur Gründung eines Mimenchors mit Gehörlosen 1954 entstand, verging noch einige Zeit. Der Begriff

‹Mimenchor› lehnt sich an denjenigen des ‹Kirchenchors› an. Ein Ziel sollte denn auch sein, dass die Gehörlosen selber einen bereichernden Beitrag zur Liturgie eines Gottesdienstes leisten mit Ausdrucksmitteln, die ihnen entsprechen. Rolf Ruf war von Anfang an mit dabei und ist es heute noch mit über siebzig Jahren. Zusammen mit Heather Schmidli und Boris Greve hat er zurzeit das Präsidium des Mimenchors Zürich inne, der im Jahre 2004 sein 50-jähriges Bestehen feierte und international bekannt geworden ist.

Gefragt nach seiner liebsten Rolle und seinem schönsten Erlebnis im Mimenchor, antwortet Rolf Ruf spontan, er habe alles gern gespielt. Ob einen Engel im jährlichen Weihnachtsspiel, einen Stier oder wie letztes Jahr den Herodes – jedes Mimenspiel bedeute für ihn eine neue Herausforderung, immer könne man sich weiterentwickeln.

Um sein beachtliches künstlerisches Niveau zu erreichen, arbeitete der Mimenchor für ein spezifisches Projekt jeweils mit einem Choreographen oder Regisseur zusammen. Im mimischen Ausdruck orientiert sich der Chor an der Kunst der Pantomime. Rolf Ruf und andere Mitglieder besuchten Ballettschulen in Zürich und London, sie bildeten sich in Mimik und Akrobatik weiter.

Die musikalische Begleitung wird oftmals durch den langjährigen Organisten Rudolf Hunziker und einen Schlagzeuger übernommen. Die zehn bis zwanzig Mitglieder des Mimenchors bringen nach intensiven Proben sowohl biblische Geschichten aus dem Alten und Neuen Testament in Gottesdiensten zur Aufführung, wie auch unterhaltsame Stücke auf Bühnen für ein breites Publikum. Zum biblischen Repertoire des Mimenchors gehören unter anderem ‹Der Turmbau zu Babel›, ‹David› oder ‹Noah› und Gleichnisse wie ‹Der verlorene Sohn› oder ‹Der barmherzige Samariter› sowie Szenen aus dem Leben Jesu wie die Weihnachtsgeschichte.

Der Mimenchor nahm an nationalen und internationalen Gehörlosentreffen teil, so mehrere Male am Weltkongress für Gehörlose, wo er 1971 in Paris, 1975 in Washington, 1983 in Sizilien und 1987 in Helsinki spielte und wichtige Erfolge feiern konnte.

«Diese Reisen in ferne Länder und die jahrelange Gemeinschaft unter den Mitgliedern des Mimenchors gehören zum Wertvollsten in meinem Leben», sagt Rolf Ruf.

Er führt ein persönliches Archiv über den Zürcher Mimenchor, mit Unterlagen wie Programmen und Fotos, die er uns freudig zur Ansicht übergibt und die ein wahres Entdeckungsfeld bieten. Auf den Fotos beeindrucken die hohe Konzentration der Darsteller auf Gestik und Mimik, die präzise Beleuchtung, welche wesentlich eine Bühnenatmosphäre schafft, sowie die zeitlos einfachen Gewänder, die an Mysterienspiele erinnern.

«Ja, der Mimenchor, der einst als Experiment begann, entwickelte sich mehr und mehr zu einem bekannten Ensemble. Regelmässig gingen wir auch mit einem erarbeiteten Spiel auf Tournee im In- und Ausland. Sogar das Fernsehen interessierte sich für uns und machte verschiedene Male Filmaufnahmen. Oft malten wir die Kulissen selber, nähten unsere Gewänder, übten und probten – eine intensive Arbeit, die mich auch heute noch mit grosser Freude erfüllt!», erzählt Rolf Ruf weiter. Seine junge Tochter und sein Sohn spielen unterdessen ebenfalls im Team mit.

«Die Sage ‹Der Alpenkönig› spielten wir meisterhaft schön», erinnert er sich gerne. Durchaus selbstkritisch bemerkt er wenig später: «Den Herodes im letztjährigen Weihnachtsspiel habe ich jedoch nicht ganz befriedigend dargestellt.»

Bei einer so grossen Theaterbegeisterung stellt sich die Frage, ob sich Rolf Ruf auch einmal überlegt hat, beruflich ein Mimendarsteller zu werden. Für seine Berufswahl Architekt jedoch war sein zweites Talent ausschlaggebend, das Zeichnen, vernehmen wir. Auch diese Begabung fiel schon in der Gehörlosenschule auf, die damals noch ‹Taubstummen-Anstalt› hiess.

Die Gehörlosen wurden bis in die Achtzigerjahre als ‹Taubstumme› bezeichnet, was ein missverständlicher Begriff ist, der heute nicht mehr in dieser Form verwendet wird. Denn ‹stumm› sind sie nicht und ‹taub›, das heisst ganz gehörlos, auch nicht alle, einige von ihnen haben Hörreste, andere sind schwerhörig.

‹Hörbehindert› sei eigentlich die weit bessere Bezeichnung als gehörlos, findet Rolf Ruf, sie sei differenzierter.

Als er noch zur Schule ging, musste er beim Busfahren eine Armbinde tragen mit dem aufgedruckten Signet für ‹taubstumm›. So lautete die Vorschrift. Da ihm dies aber peinlich war, habe er die Armbinde immer wieder abgenommen.

«Das Sprechenlernen und von den Lippen Ablesen wurde mit allen Hörbehinderten hart trainiert in der Schule», berichtet er. Im gesellschaftlichen Leben habe er bis weit in sein Erwachsenenalter hinein immer und immer wieder erklären müssen, dass er nicht ‹taubstumm› sei. Er sagte jeweils:

«Wir können sprechen. Ich bin nicht ‹taubstumm›, ich bin ‹taubsprechend›!»

In Zeitungsartikeln und Büchern, die mir Rolf Ruf übergibt, lese ich – aus heutiger Sicht – vieles mit einem leichten Schaudern, zuweilen sogar mit grossem Entsetzen. Immer wieder entdecke ich darin dieselbe Optik der Gesellschaft: Die Hörenden beurteilen die Gehörlosen aus ihrer Sicht, eine Mehrheit geht nicht immer sehr einfühlsam mit einer Minderheit um.

Doch entdeckt man zwischendurch auch Aufklärungsversuche, die diese Muster durchbrechen, und manchmal sogar echte Pionierleistungen. Die Gründung des Mimenchors in den Fünfzigerjahren war zweifellos eine solche Leistung.

Der Durchbruch zu einer neuen Wahrnehmung von Gehörlosen in der Gesellschaft gelang den Betroffenen mehr und mehr durch viel Eigeninitiative, durch das Ergreifen von Eigenverantwortung und das Recht auf Selbstbestimmung. Die Entwicklung der Gebärdensprache war und ist dabei ein wesentlicher Faktor.

Rolf Ruf erzählt, dass er, seine Frau und seine drei Kinder alle gehörlos seien. Zu Hause werde daher ausschliesslich in der Gebärdensprache miteinander gesprochen. Die Kinder könnten sie viel besser und schneller als er und müssten manchmal lachen, wenn er Fehler mache.

An das harte Sprechtraining in der Schule erinnere er sich gut: Gebärden waren damals an der Schule verboten! «Den Laut ‹P› auszusprechen, lernten wir mittels eines Spiegels und zusätzlich mit einer Kerze. Diese musste man beim Aussprechen des ‹P› auslöschen können.»

Der damalige Direktor der Schule setzte sich für die berufliche Integration der Schüler und Schülerinnen ein. Häufig suchte man eine handwerkliche Ausbildung: Töpfer, Maler oder etwa Schneiderin. Doch Rolf Ruf wollte Häuser zeichnen und bauen, da war er sich absolut sicher. Er bekam schliesslich eine Lehrstelle als Hochbauzeichner bei der bekannten Architektin Lux Guyer. Sie war die Einzige, die sich bereit erklärte, einen gehörlosen Lehrling aufzunehmen, da sie von seinem zeichnerischen Talent überzeugt war.

Die Berufsschule besuchte er gemeinsam mit den Hörenden, was eine enorme Anstrengung für ihn bedeutete. Architektur blieb jedoch seine Leidenschaft. Bis heute arbeitet er noch freischaffend in einem Architekturbüro. In vielen Publikationen finden sich seine Zeichnungen.

Nach seiner Beziehung zum Religiösen gefragt, stellt er seine tiefe Erfahrung durch das Spielen der biblischen Figuren im Mimenchor heraus. Wenn er den Josef aus dem Alten

Testament darstelle und in den Szenen in den Brunnen falle, im Gefängnis sei, träume und die sieben fetten und sieben mageren Jahre symbolisch zum Ausdruck gebracht würden, dann bedeute dies hautnahe, religiöse Erfahrung. Eine seiner Lieblingsrollen sei David: Sich in den Mut Davids und den Kampf mit der Figur Goliat einzufühlen und nachher mit Batseba zu tanzen, sei unbeschreiblich eindrucksvoll.

Wir spüren im Gespräch, dass Rolf Ruf alles, was er in seiner jahrzehntelangen Spieltätigkeit gemimt hat, als einen grossen biblischen Schatz in sich trägt. Ungebrochen sind seine Spielfreude und seine kraftvolle Energie bis heute.

Auf seine Jugend zurückblickend, betont er, wie wichtig es sei, mit dem Körper künstlerisch zu arbeiten. Dadurch können sich Verkrampfungen lösen, Gefühle und Erlebtes finden so zu einem eigenen Ausdruck. Er ist froh, dass ihm der Mimenchor bis heute diese Möglichkeit bietet, und hofft, dass sich der jüngere Nachwuchs noch lange dafür einsetzen wird.

«Durch mein Engagement im Mimenchor der Gehörlosengemeinde habe ich Gemeinschaft und Zusammenarbeit zwischen Hörenden und Gehörlosen auf eine tolerante, ökumenische Art und Weise erfahren», resümiert Rolf Ruf zum Schluss unseres Gesprächs, «dafür bin ich dankbar.»

In der Gehörlosengemeinde Zürich ist Beatrice El Serafi schon so lange freiwillige Kirchenhelferin, dass sie erst nach langem Nachdenken auf die Anzahl Jahre kommt: Seit ungefähr dreissig Jahren sei sie schon mit dieser Aufgabe betraut. Hauptsächlich helfe sie beim Versand von Briefen mit, 154 Couverts beschrifte sie je nachdem, und anschliessend bringe sie diese gleich selber zur Post.

Nach den Gottesdiensten, an denen sie gerne und oft teilnehme, zähle sie jeweils die Kollekte immer sehr genau, denn der Betrag müsse schon stimmen. Danach bringe sie das Geld noch am Sonntag direkt zur Sihlpost. Sie helfe auch mit beim Herrichten in der Küche und Servieren des Imbisses nach einem Gottesdienst in der Gehörlosenkirche. Wie gut sie sich dort im Gebäude und in der Küche auskennt, merken wir schnell, als sie uns während unseres Gesprächs einen Tee zubereitet.

Manchmal denke sie, man könnte schon mehr junge Leute zum Mithelfen brauchen, aber leider seien die Jungen untervertreten in der Gemeinde.

Wir finden, dass die Gehörlosenkirche in Zürich Oerlikon allein schon als Kirchenbau einen Besuch wert ist. Die Architektur wurde seinerzeit speziell auf die Bedürfnisse der Gehörlosen abgestimmt. So befindet sich die Orgel vorne gut sichtbar auf einer Art Holzbühne, deren Holzboden die Schwingungen der Musiktöne überträgt, auch auf die Stühle, auf denen die gehörlosen Gottesdienstbesucher die Vibrationen wahrnehmen.

Beatrice El Serafi sagt uns, dass sie die Tonvibrationen sogar im Bauch spüren könne und gerne zuschaue, wie der Organist Rudolf Hunziker vorne auf der Orgel spielt. Sie liebe Rhythmus und Bewegung ganz allgemein und tanze deshalb auch in ihrer Freizeit sehr gerne!

Die Sitzreihen sind in der Gehörlosenkirche halbkreisförmig und ähnlich wie in einem Vorlesungssaal steil nach oben angeordnet. Dadurch wird den Besuchern eine freie Sicht nach vorne gewährt, die für die Gehörlosen Voraussetzung ist, damit sie die Gebärden der Pfarrerin sehen und vom Gesicht ablesen können. Ebenso sind gute Lichtverhältnisse dafür eine wichtige Bedingung.

Die fünf verschiedenfarbigen, grossen Glasfenster befinden sich auf der linken Seite und zaubern Lichtstimmungen in den Raum. Sie zeigen in mehreren Bildern die Schöpfungsgeschichte aus der Genesis. Im ersten, hauptsächlich in Blautönen gestalteten Fenster ist die Erschaffung des Lichtes und des Himmels sowie die Trennung von Land und Wasser dargestellt, im zweiten die Erschaffung der Pflanzen. Dieses Fenster zeigt bewegte Blattformen in verschiedenen Grüntönen und rot-orangene Früchte im oberen Bildteil. Im unteren Bereich finden sich die Elemente Erde und Wasser, aus denen eine grosse Blume emporwächst. Im dritten Glasfenster scheinen die Gestirne auf: Eine grosse gelbe Sonne erstrahlt neben den kleineren Sternen und der gelben Mondsichel, die sich in den blauen Kreis des Vollmondes einfügt. Das vierte Glasgemälde ist der Erschaffung der Tiere in der Luft und im Wasser gewidmet. Verschiedenartige Fische tummeln sich im unteren Teil im blauen, von gelben Strahlen durchdrungenen Wasser, während im oberen Bildteil ein Schwarm weisser Vögel in den blauen und gelben Himmel auffliegt. Schön wird das Schwimmen der Fische durch die horizontalen Bewegungen der Wellen und das Aufsteigen der Vögel durch aufwärtsstrebende Glasformen zum Ausdruck gebracht.

Beatrice El Serafi gefällt besonders das vorwiegend rote Glasfenster mit der Darstellung einer Paradiesszene, der Erschaffung von Adam und Eva inmitten der Tiere. Die Szene strahlt Frieden aus, der Löwe liegt friedlich neben den Schafen und der Schlange. Die farbigen Glasfenster wurden von dem Künstler Hans Aeschbach geschaffen. Die kräftigen Farben und die Bildsprache der Fenster werden von den Gehörlosen sehr geschätzt. Für sie erhalten der Sehsinn und die visuelle Wahrnehmung eine weit wichtigere Bedeutung als für Hörende.

Auf Beatrice El Serafi ist nicht nur als Kirchenhelferin Verlass, sondern ebenso in ihrer beruflichen Tätigkeit. Sie arbeitet zu hundert Prozent bei der Firma Siemens in Oerlikon und ist dort für den internen Posteingang und -ausgang zuständig. Diese Aufgabe erfüllt sie bereits seit mehr als dreissig Jahren mit grosser Hingabe.

«Viel laufen gehört zu dieser Arbeit, neben einer exakten Arbeitsweise. Um sechs Uhr stehe ich zu Hause auf, um sieben Uhr beginne ich mit der Arbeit in der Firma. Zuerst muss ich die Post sortieren für die verschiedenen Abteilungen, um acht Uhr dreissig muss alles bereit sein. Dann beginne ich mit dem Verteilen. Ich habe immer zwei grosse Kisten auf meinem Wagen, den ich von Büro zu Büro durch die Gänge stosse. Die eine Kiste ist bestimmt für den Posteingang und die andere für den Postausgang.

Die eingehende Post verteilen und die ausgehende Post verpacken und frankieren wechseln sich als Tätigkeiten während meines Tagespensums ab. Zwischen sechzehn und siebzehn Uhr muss ich mit der ausgehenden Post fertig sein, dann holt sie jemand mit dem Auto ab.

Die Arbeit ist anstrengend, nicht nur wegen des Laufens, auch das Ablesen von den Lippen der Hörenden braucht viel Konzentration. Doch mache ich meine Arbeit gerne und warte gar nicht sehnsüchtig auf meine Pensionierung», berichtet sie uns.

Beatrice El Serafi ist 1946 in Zürich geboren. Sie wuchs im Grunde als Einzelkind auf, da ihr Bruder achtzehn Jahre älter ist als sie. Auch ihre Eltern waren nicht mehr so jung, als sie zur Welt kam. Sie erzählt uns von einer nicht einfachen Kindheit und von einem schwierigen Schicksal. Ihre Mutter war durch eine Krankheit gelähmt geworden. Beatrice El Serafi war damals erst vier Jahre alt. Sie erinnere sich gut an die Pflegebedürftigkeit ihrer Mutter. Die Pflege wurde zunächst von Schwestern und der Spitex, später dann, während fünfundzwanzig Jahren, auch von ihr, der Tochter, wahrgenommen. Sie habe im Alltag meist das Kochen übernommen.

In einem Album zeigt sie uns Fotos aus ihrer Kindheit. Darunter sind Bilder zu sehen von Familienausflügen mit dem Auto. Sie erklärt uns, dass diese extra unternommen wurden, damit ihre gehbehinderte Mutter auch mitkommen konnte.

Von der Familie und von der Verwandtschaft gebe es viel Frohes zu berichten. Zu ihrem sechzigsten Geburtstag habe sie vierzehn Verwandte eingeladen zu einem schönen Fest, Cousinen und Neffen seien dabei gewesen, sogar aus England waren einige nach Zürich gekommen.

«Dies sind die schönen Momente im Leben, wie auch das Zusammensein mit Freunden und Bekannten. In meinem Freundeskreis gibt es hörende und gehörlose Menschen, mit denen ich meine Freizeit verbringe. Sehr gerne gehen wir zusammen tanzen oder kegeln. Schon als ich ein Kind war, in der Gehörlosenschule Wollishofen, war Turnen mein Lieblingsfach, später spielte ich auch Volley- und Korbball und machte aktiv Geländelauf.

Bis heute aber liebe ich das Kegeln ganz besonders. Ich bin Mitglied in einem Kegelklub, mit dem wir einmal pro Woche trainieren und circa einmal im Monat ein Tournier bestreiten in Städten wie St. Gallen und Aarau. Kürzlich belegten wir den fünften Platz in einem Wettkampf. Bei mir zu Hause stehen viele Pokale, wir haben schon oft gewonnen!»

Ist sie nur unter Gehörlosen, spricht Beatrice El Serafi auch mal ausschliesslich in der Gebärdensprache. Sie beherrsche sie jedoch nicht so gut, denn als sie zur Schule ging, war es dort nicht erlaubt, sich in Gebärdensprache zu unterhalten. Man wollte eben unbedingt erreichen, dass die Schüler sprechen und von den Lippen ablesen lernten. Heute sei man in dieser Hinsicht zum Glück viel toleranter, und die Gebärdensprache gelte als voll anerkannte Sprache.

Später, in der Haushaltschule, sei sie gar nur mit Hörenden zusammen gewesen. Heute jedoch existiere eine spezielle Berufsschule für Gehörlose, an der die Ausbildungsgänge der Jugendlichen gestaltet werden.

Einen langen Erfahrungsweg hat Beatrice El Serafi schon zurückgelegt, auch im Bereich des Religiösen. In der Wasserkirche Zürich, dem ersten Gottesdienstlokal der Gehörlosengemeinde, sei sie damals von Pfarrer Eduard Kolb konfirmiert worden. Heute fühle sie sich im Gebäude des Gehörlosenzentrums in Oerlikon fast wie zu Hause. Manchmal esse sie auch unter der Woche an einem Abend hier und schaue auch kurz im Büro von Pfarrerin Marianne Birnstil vorbei.

Als wir unser Gespräch beenden und alle drei wieder auseinandergehen, löscht Beatrice El Serafi die Lichter im Gebäude und schliesst alle Türen ab – so zuverlässig wie immer.

Mit dem Auto bringen wir sie spätabends an das andere Ende von Zürich nach Hause, bevor Beatrice El Serafi am anderen Tag wieder frühmorgens zu ihrer Arbeit fährt.

Zum ersten Mal begegnen wir Edwin Zollinger für unser vereinbartes Gespräch, auf seinen Vorschlag hin, nicht etwa in einem ruhigen Bürozimmer, sondern beim Treffpunkt am Hauptbahnhof Zürich zur Stosszeit. Inmitten von Hunderten von Gesichtern versuchen wir dieses eine, von dem wir nur ein Foto besitzen, auszumachen. Noch während unsere Blicke suchend umherirren, kommt ein Mann bereits lachend auf uns zu und gibt sich als Edwin Zollinger zu erkennen.

Nach kurzer Begrüssung erklärt er uns, dass wir sogleich losrennen müssten, um den Zug nach seinem Wohnort pünktlich zu erreichen und später den Bus, da die Umsteigezeit knapp sei. Im überfüllten Zug, unter etwas schwierigen Bedingungen, beginnen wir spontan mit unserem Gespräch. Sofort entsteht eine angenehme Atmosphäre, so als wären wir schon lange gemeinsam Reisende.

Nach einigen Schnellaufstrecken sind wir schliesslich am Tisch im ruhigen Wohnzimmer angekommen. Dort wird uns sogleich klar – und von seiner Tochter auch lachend bestätigt: Wir haben einen Weltreisenden, einen Trekking-Bergsteiger und Expeditionsteilnehmer kennengelernt. Edwin Zollinger ist ein Mensch, der unwahrscheinlich schnell und weit gehen, bergsteigen und klettern kann, und dies auch unter extremen Bedingungen in den verschiedensten Ländern der Welt.

Genauer gesagt, bereiste der Bergsteiger vier Kontinente: Afrika, Asien, Amerika und Europa. Einzelne Länder wie Nepal besuchte er seit 1975 bereits 13-mal. Er bestieg insgesamt 55 Viertausender wie den Dom und die Dufour-Spitze in der Schweiz, den Mont Blanc in Frankreich oder den Rupina La in Nepal. Er erkletterte 9-mal einen Sechstausender-Gipfel, darunter 2-mal den berühmten Kilimandscharo in Afrika. Weitere klingende Namen tauchen auf seiner beeindruckenden Liste auf, hohe und höchste Berggipfel wie der Island Peak (6189 m) im Himalaya, die Aconcagua-Expedition in Argentinien, die auf 6900 m hinauf führte, Hochtouren in Peru und Bolivien, der Berg Ararat in der Türkei oder die Umrundung des Annapurna in Nepal im Jahr 2008.

«Bergsteigen ist meine Leidenschaft», erzählt Edwin Zollinger, «entdeckt habe ich diese durch den damaligen Gehörlosenpfarrer Eduard Kolb. Er nahm mich und andere Gehörlose mit auf Hochtouren in der Schweiz und legte dadurch den Grundstein meines Vertrauens in das Bergsteigen, aus dem ich das Rüstzeug für die späteren grossen Expeditionen gewinnen konnte. Ich bin ein Vagabund und gerne unterwegs. Immer hatte ich auch Glück, es ist mir nie etwas wirklich Schlimmes zugestossen.»

Er denkt laut nach: «Am Dhaulagiri (8222 m. ü. M.) im Himalaya befanden wir uns mit unserer Seilschaft einmal so nahe bei einem grossen Lawinenniedergang, dass auf unseren Rücken fast ein Meter feinen Schneestaubs lag! Natürlich braucht es für solche Unternehmungen intensives Training, sowie sehr gute Vorbereitungen. Eine gute Teamarbeit ist während der Expedition unablässig.

In einer Seilschaft machen wir es immer so, dass ich als Gehörloser zwischen zwei Hörenden gehe, dies erleichtert die Kommunikation in schwierigen Situationen. Dennoch braucht es immer viel Vertrauen in den anderen, denn man ist eine Schicksalsgemeinschaft während der Bergtour. Einmal hatte ich grosses Glück in den Schweizer Bergen: Am Piz Bernina traf mich ein ca. 2 kg schwerer Stein am Rücken, verletzte jedoch nicht meine Wirbelsäule. Ich bin auch schon mehrere Male in Gletscherspalten gestürzt, aber Gott sei Dank nie sehr tief, nur mit einem Bein!», lacht er.

«Die grossen Nepaltrekkingtouren sind stets sehr gut organisiert. Als Träger und Führer haben wir zusätzlich nepalesische Sherpas, die auf meiner ersten Tour 1975 noch barfuss gingen, heute jedoch gut ausgerüstet sind. Dennoch trägt man seinen eigenen Rucksack selber und braucht eine gute Kondition, schon wegen der dünnen Luft, die das Atmen schwer macht. Auch die unsichere politische Lage in Nepal erlebten wir hautnah. Im Jahr 2004 wurden wir zu unserer eigenen Sicherheit von Militär in Zivil begleitet.

Die Strapazen werden schliesslich immer belohnt mit dem wunderbaren Erlebnis, oben auf einem hohen Berggipfel anzukommen. Da geniesse ich die herrlich weite Sicht und die reine gute Luft. Fabelhaft ist es, dass man beim Bergsteigen nur laufen kann und für einmal nicht sprechen muss!»

Das Interesse an weiten Reisen zeigt sich bei Edwin Zollinger auch in seiner Teilnahme an den vier Israelreisen, die mit der Gehörlosengemeinde im Laufe der Jahre durchgeführt wurden, hin zu biblischen Schauplätzen. Überhaupt begeistere ihn Biblische Geschichte schon seit jeher, berichtet er uns, bereits in der Schulzeit war sie ein Lieblingsfach. Insbesondere habe er das Alte Testament mit seinen archaischen Geschichten und den eindrücklichen Figuren wie Mose und Abraham sehr gerne. Das Land Israel zu bereisen, sei ein ganz besonderes Erlebnis gewesen. Orte wie Bethlehem oder Jerusalem und die Quellen des Jordan wirklich einmal mit eigenen Augen zu sehen, habe ihn tief beeindruckt.

Eine andere Gelegenheit, die Welt zu sehen, bot ihm seine Mitgliedschaft beim Mimenchor, der mit eigenen Produktionen jeweils zum Weltkongress der Gehörlosen reiste. Einmal fand dieser in Paris, andere Male in den USA, in New York und Washington, statt, später in Bulgarien, Italien und Finnland. Edwin Zollinger ist bis heute zuständig für die Beleuchtung und die Technik bei den Aufführungen des Mimenchors. Dies geht auf seinen beruflichen Hintergrund zurück, denn als gelernter Hochbauzeichner und Architekt HTL weiss er auch im technischen Bereich sehr gut Bescheid.

Beruflich ist Edwin Zollinger stark gefordert. In der Firma ist er heute spezialisiert auf technische Belange wie Lüftung, Heizung, Klimaanlagen sowie Kläranlagen. Zurzeit arbeitet er bei einem schwierigen, aber spannenden Grossauftrag mit; dem Umbau der ETH Zürich.

Es habe viel Durchhaltevermögen gebraucht, um damals am Abend-Technikum unter den Hörenden die HTL-Ausbildung zum Architekten zu absolvieren. Man dürfe nicht vergessen, dass die Kommunikation für Gehörlose eine immense Anforderung sei, neben den vierunddreissig verschiedenen Fächern, in denen er ausgebildet wurde. Zur Weiterbildung sei er auch in die USA gereist, um seine Kenntnisse in der Sprache und in amerikanischer Architektur zu vertiefen.

Im beruflichen Alltag könne er nicht gleichzeitig zuhören und schreiben, auch nicht einfach schnell telefonieren. Er versende ausschliesslich E-Mail und SMS und brauche deshalb klare Arbeitsstrukturen. Heute werden alle technischen Pläne am Computer gezeichnet und errechnet. Dies hatte Edwin Zollinger einst noch ganz anders gelernt, als Handwerk am Reissbrett, erst Anfang der Neunzigerjahre musste er sich komplett umschulen auf die professionellen Computerprogramme wie CAD.

Das Lernen erlebte er schon in seiner Kindheit und Jugend als äusserst positiv. Obwohl ihn seine Eltern bereits, als er vier Jahre alt war, in eine Internatsschule für Gehörlose in Zürich brachten und er sie nur noch einige Male im Jahr besuchen konnte, blieb und lernte er gerne dort während der elf Jahre bis zum Beginn seiner Berufslehre. Viele Lehrer und Lehrerinnen seien ausgezeichnete Pädagogen gewesen, und er habe dank dieser Schule sehr gut sprechen und von den Lippen ablesen gelernt, lobt Edwin Zollinger.

Seine Gehörlosigkeit habe man schon, als er ein Kleinkind war, bei einem Arztbesuch festgestellt, entstanden sei sie vermutlich durch eine nicht erkannte Trommelfellentzündung, die er als Baby durchgemacht habe. Andere Sinne seien bei ihm als Gehörlosem differenzierter ausgebildet als bei Hörenden, so etwa der Tastsinn. Er spüre mit Händen und Füssen deutliche Vibrationen, wenn Musik oder der Fernseher sehr laut seien, vor allem in Räumen mit einem Holzfussboden.

Seit vierunddreissig Jahren und bis heute ist er im Kirchenvorstand der Gehörlosengemeinde als Kassier tätig. Auch seine Frau Käthi Zollinger engagiert sich sehr für die Gemeinde und hilft bei den Vorbereitungen für die gemeinsamen Essen mit. Heute vermissen sie etwas, dass keine weiten Reisen mit der Gehörlosengemeinde mehr unternommen werden. Auch machen sie sich Sorgen wegen des fehlenden Nachwuchses bei den Jungen. Sie sind jedoch überzeugt, dass Treffpunkt und Gemeinschaft in der Gemeinde von den Gehörlosen sehr geschätzt werden. Sie pflegen gerne das Beisammensein, auch auf kleineren Ausflügen, bei Gottesdiensten und bei einem Imbiss danach.

«Gehörlose brauchen genügend Zeit für die Kommunikation, gerade auch mit Hörenden. Wir müssen uns immer eingewöhnen und anpassen an die Mimik und Gestik unseres Gegenübers, denn so lesen wir im Grunde ab: Wir interpretieren den gesamten Gesichtsausdruck des Gesprächspartners. Ich habe mich nun mit der Zeit so gut an Sie gewöhnt, dass mir das Ablesen zunehmend leichter gefallen ist», meint er abschliessend.

Schade eigentlich, dass wir schon wieder auseinandergehen müssen, sind wir uns alle drei einig, jetzt, da die Kommunikation immer leichter fällt, bevor wir uns im Schnellschritt mit Edwin Zollinger wieder zur Bushaltestelle aufmachen.

In der Sekundarschule für Gehörlose in Zürich erteilt Gian Reto Janki Religionsunterricht. Wir sind eingeladen, eine Stunde zu besuchen. Als wir das Klassenzimmer betreten, sitzen die Schüler und Schülerinnen schon an ihren Plätzen und unterhalten sich angeregt in Gebärdensprache: Hände fliegen durch die Luft, zustimmendes Kopfnicken, Lachen.

Gian Reto Janki bittet am Anfang der Lektion alle an einen runden Tisch, eine Dolmetscherin ist anwesend und übersetzt für uns die Gebärden in Lautsprache.

«Wisst ihr, was ein Mandala ist? – Eine Bildform, die aus dem Buddhismus kommt und die Vielfalt und die Ordnung des Lebens ausdrückt», erklärt er. «Wollt ihr auch ein Mandala gestalten?»

Die Schüler und Schülerinnen lassen sich leicht dafür begeistern und können es kaum erwarten, selbst kreativ zu sein. In eine Papiertüte mit einem kleinen Loch wird farbiger Sand eingefüllt, in der Mitte des Raumes breitet Gian Reto Janki ein weisses Leintuch aus. Alle knien nieder und beginnen, ein Bild mit farbigem Sand auf das Tuch zu streuen. «Fühlt euch ganz frei in dem, was ihr gestaltet», sagt er.

Es wird still, die Schüler konzentrieren sich auf die langsam entstehenden farbigen Formen und Linien, die sich immer mehr ausbreiten und zusammenwachsen, bis ein grosses Bild entsteht.

«Und nun, am Ende, was machen wir mit dem entstandenen Bild?»

Gian Reto Janki deutet an, dass alle einen Zipfel des Tuches in die Hand nehmen und hochheben sollen. Der Sand strömt zusammen, die gestreuten Formen lösen sich auf, neue Farbtöne entstehen. Am Ende darf jeder ein Döschen mit farbigem Sand nach Hause nehmen. In dieser Unterrichtssequenz wird eindrucksvoll spürbar, wie durch das kreative Gestalten eine Gemeinschaft und gegenseitiges Vertrauen entstehen.

Später, im Gespräch mit uns, erklärt Gian Reto Janki, dass er gerne mit kreativen Elementen arbeite. Bilder seien für Gehörlose enorm wichtig. Bilder seien es auch gewesen, die ihm entscheidende Impulse für seinen Lebensweg gegeben hätten.

Die Wandbilder in der jahrhundertealten romanischen Kirche in Waltensburg kommen ihm in den Sinn. In dem kleinen bündnerischen Dorf im Hinterrheintal ist er zur Welt gekommen und hat dort mit seinen fünf Geschwistern die ersten Jahre seiner Kindheit verbracht. Wenn er als kleiner Junge mit seinen Eltern zusammen in der Dorfkirche den Gottesdienst besuchte, schaute er die aus der Romanik stammenden Bilder an, welche die Wände und Gewölbe zieren.

Die Darstellung des Abendmahls, die Apostel, die übergrosse Jesusfigur beeindruckten ihn. Er fragte sich, warum die Figuren keine Gesichter haben und warum das Jesuskind in weisse Tücher eingewickelt ist. Er staunte über die Vielzahl von Heiligen. In seinem Inneren habe er schon als Kind gespürt, dass diese Welt des Glaubens ihn tief berührt.

Ein weiteres bildhaftes Erlebnis prägte sich ihm in seiner Kindheit ein: Die Burg am Dorfrand! Oft spielte er mit seinen Geschwistern in der Burgruine, auf deren Mauern er herumging und auf einmal realisierte, dass diese Burg ihm vieles zu sagen hatte! Später, als er das Kirchenlied von Martin Luther «Eine feste Burg ist unser Gott» kennen und schätzen lernte, musste er immer mehr an die Burg seiner Kindheit zurückdenken. Sie sei für ihn ein Symbol von innerer Sicherheit und Selbstvertrauen geworden, das ihn auf dem Lebensweg begleite.

Er sei ein Kind mit viel Phantasie gewesen, schon früh habe er sich viel Zeit genommen zum Philosophieren.

«Ich konnte stundenlang in die Berge hinaufschauen und über Gott, über die Ewigkeit und über das Leben nachdenken. Deshalb liebte ich als Kind das Verstecken-Spielen so sehr. Ich liess mich jeweils nicht so schnell finden und genoss es, in Ruhe über alles nachzusinnen.»

Gian Reto Janki kann sich nicht an die Zeit erinnern, als er noch hörte. Schon mit zwei Jahren, nach einer Hirnhautentzündung, hatte er sein Hörvermögen vollständig eingebüsst. Da es in der näheren Umgebung keine geeigneten Schulen für Gehörlose gab, musste er schon mit fünf Jahren seine Familie verlassen und im Internat der Gehörlosenschule St. Gallen wohnen. Nur an Wochenenden besuchte er die Familie, unter der Woche lebte er mit anderen gehörlosen und hörbehinderten Kindern zusammen. In der Schule lernte er das Sprechen und das Lippenlesen, Gebärdensprache aber war während des Unterrichts verboten. Nur in der Pause, im Verborgenen, unterhielten sich die Kinder mit Gebärden, welche sie zum Teil selber entwickelten.

Auf den Spaziergängen durch die Natur, welche die Schulklasse fast täglich unternahm, begegnete Gian Reto Janki einem Baum, an den er sich heute noch erinnert:

«Es war eine grosse, stämmige Eiche! Mit diesem Baum habe ich gesprochen, er war für mich ein treuer Begleiter, ich konnte ihm alle meine Sorgen und Nöte anvertrauen, er war für mich wie ein Freund!»

Mit vierzehn Jahren wechselte Gian Reto Janki an die Sekundarschule für Gehörlose in Zürich-Wollishofen. Eine neue Welt öffnete sich ihm, denn hier war die Gebärdensprache unterdessen akzeptiert.

«Es war für mich ein Schlüsselerlebnis: Zum ersten Mal sah ich einen hörenden Menschen, es war ein Lehrer, der sich in Gebärdensprache ausdrückte. Ich selber fand eine neue Identität dadurch, dass ich mich in Gebärdensprache verständigen konnte», meint Gian Reto Janki heute.

Unvergesslich war für ihn die Konfirmation in der alten Kirche in Wollishofen. Die Geschichten aus der Bibel, die den Jugendlichen durch Pfarrerin Marianne Birnstil nähergebracht wurden, berührten ihn. Die Frage nach Gott und dem tieferen Sinn des Lebens liessen ihn nicht mehr los.

Nach der Schulzeit machte er eine Lehre als Hochbauzeichner und arbeitete anschliessend einige Zeit in seinem Beruf. Als er aber eine Anfrage vom damaligen katholischen Gehörlosenseelsorger bekam, ob er mithelfen würde, eine Jugendarbeit für gehörlose junge Menschen aufzubauen, sagte er sogleich zu. Er empfand diese neue Tätigkeit als Berufung und begann mit viel Überzeugung und Elan seine Arbeit im kirchlichen Umfeld.

Heute ist er als Jugendarbeiter bei der reformierten und der katholischen Kirche für Gehörlose tätig und kann nun schon auf eine zehnjährige, sehr fruchtbare Tätigkeit zurückblicken. Mit einem kleinen Pensum hat er begonnen. Zuerst schuf er Angebote im Freizeitbereich wie den Gebärdentreff, er organisierte Ausflüge, Referate oder öffentliche Diskussionen. Der Anfang war nicht immer einfach. Es dauerte eine gewisse Zeit, bis er als Mitarbeiter akzeptiert wurde. Es war eine neue Idee, dass man speziell für gehörlose junge Menschen Angebote schuf innerhalb des kirchlichen Lebens. Mittlerweile aber hat er als Jugendarbeiter einen festen Platz bekommen und findet mit seiner Arbeit grosse Akzeptanz.

Vor etwa sechs Jahren wurde seine Anstellung erweitert, er hat nun auch ein Teilpensum in der reformierten Kirche erhalten. Auf die Frage, wie er konkret die beiden Konfessionen verbinde, sagt er schmunzelnd:

«Ich glaube, dass ich im Kopf reformiert bin und im Herzen katholisch. Ich persönlich kann mir nicht vorstellen, die beiden Konfessionen voneinander zu trennen in meiner Arbeit. Die Gehörlosen, welche schon eine Minderheit in der Gesellschaft sind, können es sich nicht leisten, sich nochmals durch konfessionelle Verschiedenheit aufzuteilen. In Zukunft muss eine noch engere Zusammenarbeit angestrebt werden, und wer weiss, vielleicht ist ja diese praktizierte Ökumene der Gehörlosenkirche ein Modell für alle verschiedenen Kirchen und Konfessionen. Ich bin jedenfalls einer der wenigen kirchlichen Mitarbeiter, die im Auftrag von beiden Landeskirchen, der reformierten und der katholischen, angestellt sind.»

Gian Reto Janki setzt sich auf verschiedenen Ebenen für die gehörlosen Kinder und Jugendlichen ein: Er bietet regelmässig den Gebärdentreff an, redigiert die Zeitschrift «Richtung» für die Gehörlosengemeinden, er erteilt Unterricht im Auftrag der Landeskirchen und wirkt beim Konfirmandenunterricht mit.

Häufig macht er sich Gedanken über die Zukunft der Gehörlosengemeinde:

«Ja, es ist wichtig, dass es sie auch in Zukunft geben wird. Vielleicht wird sie sich verändern, dabei aber darf man nicht zu viel Angst vor Veränderung haben und nicht zu viel Kraft aufs Erhalten und Bewahren von alten Traditionen verwenden. Leben ist Veränderung! Ich träume von Gottesdiensten, die kreativ gestaltet sind. Vielleicht könnte ein Gospelchor für Gehörlose, der sich mit Gebärden ausdrückt, die Jungen begeistern. Vielleicht wäre es möglich, sich mit Farben und Bildern kreativ auszudrücken, auch in einem Gottesdienst! Gott ist lebendig! So sollte auch die Kirche voller Leben sein.»

Eine Figur aus dem Alten Testament spreche ihn speziell an, es sei Mose, mit ihm fühle er sich besonders verbunden. Als Mose vor dem brennenden Dornbusch stand, wusste er nicht, welchen Weg er weitergehen sollte. Als Gott ihm sagte, er solle zu Pharao gehen und ihn darum bitten, das Volk Israel aus der Sklaverei zu entlassen, antwortete Mose: «Herr, ich bin kein Mann von Worten. Schwerfällig sind mein Mund und meine Zunge.» Da erwiderte ihm Gott: «Wer hat dem Menschen einen Mund gemacht, wer macht stumm oder taub oder sehend oder blind? Bin nicht ich es, der HERR!» (2Mose 4,10f.).

Man könne die schwere Zunge von Mose mit der Gehörlosigkeit vergleichen, meint Gian Reto Janki, denn manchmal fühle man sich unsicher und überfordert, wenn man nichts hört. Doch in ihm sei ein Urvertrauen gewachsen, dass Gott ihm helfe und ihm Kraft gebe für seine Aufgaben. Übrigens sei Aaron, der Begleiter von Mose, wie ein Dolmetscher, der Mose unterstützt bei seiner Aufgabe. Auch er sei manchmal angewiesen auf Dolmetscher, welche seine Gebärdensprache übersetzten.

«Gott ist mein Licht und mein Heil», so heisse der Taufspruch, den er auf seiner Taufurkunde gefunden habe. Dieser Satz gebe ihm Mut und Zuversicht und sei für ihn auf seinem Lebensweg so etwas wie ein Leitmotiv geworden.

Marinus ist elf Jahre alt und geht in die fünfte Klasse der Schule für Gehör und Sprache in Zürich. Dort treffe ich ihn im ökumenischen Religionsunterricht bei Gian Reto Janki, in einer Unterrichtssequenz über die Bedeutung des Wassers für den Menschen.

Die vier Schüler und Schülerinnen sitzen um den runden Tisch und schauen sich an eine Leinwand projizierte Bilder zum Thema an, die von der Verschmutzung und den Gefahren des Wassers bis zu seinem Segen als Trinkwasser berichten, vom Regen, den Wasserläufen und dem Meer. Zu allem wissen die Kinder viel zu erzählen in ihrer Gebärdensprache.

Marinus liebt das Schwimmen im Meer und das Hineintauchen in die Wellen. Er erinnert sich an Ferien in Tunesien und Frankreich mit seiner Familie. Als das Bild vom Toten Meer auf der Leinwand erscheint und Gian Reto Janki von dessen hohem Salzgehalt berichtet, blicken alle ganz verwundert, denn so etwas haben sie noch nie gesehen.

Auch das Land Israel, das Geburtsland von Jesus, wird mit einer geografischen Karte vorgestellt. Gian Reto Janki erzählt von der Taufe Jesu im Fluss Jordan, den alle sogleich auf der Karte entdecken. Auf einer Darstellung sieht man, wie Jesus für die Taufe in den Fluss steigt und über ihm eine Taube als Symbol für den heiligen Geist erscheint. Gian Reto Janki erklärt darauf die Bedeutung der Taufe mit Wasser und zeigt den Schülerinnen und Schülern seine Taufurkunde und seine Taufkerze. Er verteilt ein Blatt, auf dem sie die Symbole der Taufe beschriften und ausmalen dürfen. Zu Hause sollen sie nachfragen, wann sie selbst getauft wurden und das Datum auf das Arbeitsblatt eintragen.

Im weiteren Verlauf des Unterrichts wird ein Bild gezeigt, auf dem man sieht, wie sich das Meer vor Mose teilt. Marinus blickt skeptisch:

«So etwas ist doch fast unmöglich», meint er.

Doch Gian Reto Janki erklärt es ihm als ein Sinnbild für die Kraft Gottes, was Marinus beeindruckt und doch auch etwas ratlos lässt.

Später, in unserem Gespräch, zu dem sich seine Mutter gesellt, die auch gehörlos ist, erzählt er mir im hellen Speisesaal der Schule, dass er die biblischen Geschichten interessant finde. Er kenne zum Beispiel auch die Geschichte der Arche Noah und diejenige von Adam und Eva mit dem Apfel und der Schlange, die er für mich sogleich zusammenfasst.

An seine Taufe erinnern die Fotos, damals war Marinus erst vier Monate alt, ergänzt seine Mutter.

In seiner Familie fühlt sich Marinus sehr wohl. Mit seinem jüngeren Bruder, der hörend ist und eine Regelschule besucht, spielt er gerne Badminton und fährt er Velo. Sie beide hätten ihr eigenes Zimmer, und das schätze er, denn immer könne man sich mit seinem Bruder ja nicht super vertragen!

Er selbst sei schon gehörlos zur Welt gekommen, und auch seine Mutter und sein Vater seien gehörlos.

«Dies ist in unserer Familie genetisch bedingt», erklärt die Mutter, «mein Bruder ist zwar hörend, hat aber zwei schwerhörige Kinder.»

Die Gebärdensprache ist Marinus' Muttersprache, in der mit ihm von klein auf gesprochen wurde. Dementsprechend sicher und schnell gebraucht er sie, wie mir sofort aufgefallen ist. Stolz berichtet er, dass er auch die deutsche Gebärdensprache verstehe, weil seine gehörlosen Grosseltern diese gebrauchen. Sie unterscheide sich bereits von derjenigen, die in der Schweiz üblich ist.

Auch die besten Freunde von Marinus sind gehörlos, und deshalb wird in der Gebärdensprache miteinander gesprochen.

«Wir erzählen uns immer Witze und haben es sehr lustig. Wir gehen zusammen in die gleiche Schule, und ein Freund ist auch schon bei mir zu Hause gewesen und hat bei mir übernachtet.»

«Ja, da geht es jeweils recht wild zu und her, aber das ist weiter kein Problem», lacht die Mutter. Marinus fällt ein, dass er auch einen hörenden Freund hat aus seiner Zeit im Kindergarten, den er zusammen mit hörenden Kindern besuchte.

Nach dem Kindergarten wurde er in die Primarschule für hörbehinderte Kinder im Zentrum für Gehör und Sprache in Zürich-Wollishofen eingeschult, die er heute noch besucht. In der jetzigen Klasse ist Marinus ein begeisterter Schüler. Momentan ist Geometrie sein Lieblingsfach. Auf die Frage, was ihm denn daran so gut gefalle, antwortet er spontan: «Das genaue Zeichnen. Eine Strecke muss man genau abmessen und sehr exakt mit dem Zirkel die Kreise zeichnen, dies fasziniert mich. Zu Hause habe ich eine grosse Zeichnung angefertigt, auf der ich viele Berge ganz genau gezeichnet habe, mit den verschiedenen Wegen, den steilen Treppen und Bänklein.» «Dazu braucht es aber sehr viel Geduld», entgegne ich und Marinus überlegt kurz: «Ja, das stimmt. Beim genauen Zeichnen habe ich sie, bei manchen Fächern jedoch nicht so. Im Erlernen der Lautsprache fehlt mir oft die Geduld, dann empfinde ich das Lernen als sehr anstrengend. Doch sonst gehe ich gerne zur Schule, es gefällt mir sehr gut hier.»

Einmal in der Woche übernachtet Marinus in der Schule, im Zentrum für Gehör und Sprache in Zürich. Dadurch bleiben ihm die weite Reise nach Hause und das frühe Aufstehen am nächsten Morgen erspart. Seit einem Jahr bewältigt Marinus seinen Schulweg mit Tram, Bus und der S-Bahn allein. Er weiss genau, welchen Zug er wann besteigen muss. Verpasst er einmal einen, fragt er seine Mutter per SMS nach der nächstmöglichen Zugsverbindung. Dies klappe ohne Probleme, berichtet Marinus selbstbewusst.

Er sei auch schon länger weg gewesen von zu Hause, dieses Jahr zum Beispiel im Skilager der Schule. Er liebe das Skifahren, aber nicht im Nebel, betont er. Mit seiner Familie möchte er einmal nach Zermatt in die Skiferien, dort habe es ganz rassige Abfahrten. Im Sommer seien sie auch oft in den Bergen anzutreffen, beim gemeinsamen Wandern.

«Ich gehe aber auch gerne ab und zu in die Stadt mit meiner Mutter, zum Einkaufen, vor allem die Altstadt von Zürich gefällt mir gut. Jedes Haus ist anders gebaut und hat eine andere Farbe! Wir wohnen in einem kleinen Dorf auf dem Land, da gibt es nicht so viele Häuser und Gassen zu entdecken.»

Marinus ist fasziniert von grossen und schnellen Autos: «Mein Traumauto ist ein grosser Mercedes, jedenfalls lerne ich sicher einmal Auto fahren. Mein Traumberuf ist Buschauffeur oder aber Forscher.» Marinus erzählt weiter:

«Mich interessiert alles Unerklärliche, dies möchte ich erforschen. Ich suche gerne nach Beweisen und Erklärungen, deshalb interessiere ich mich auch für UFOs. Da war einmal eine solche Geschichte mit einem UFO, das im Zürcher Oberland in einem Wald gelandet sein soll. Daraufhin habe ich Bücher und Zeitungsartikel darüber gelesen und nach Antworten gesucht.»

Diesen Forschergeist verstehe ich gut und frage Marinus: «Dann würdest Du wahrscheinlich auch die biblische Geschichte mit dem geteilten Meer bei Mose gerne erforschen?»

«Ja, genau», entgegnet Marinus, «denn auch diese Geschichte kann man kaum glauben. Da würde ich gerne weiterforschen!»

Ein aufgeweckter Teenager sitzt mir bei unserem Gespräch in der Sekundarschule für Gehörlose gegenüber: Sabrina, gerade eben vierzehn Jahre alt geworden. Gefeiert habe sie den Geburtstag mit einer kleinen Party, erzählt sie mir fröhlich. Freunde und Freundinnen seien eingeladen worden, und sie hätten zusammen geplaudert und gegessen, Chips und selbstverständlich einen Geburtstagskuchen!

Kennengelernt haben wir Sabrina im Religionsunterricht der Schule bei Gian Reto Janki, dem ökumenischen Jugendarbeiter der Gehörlosengemeinde Zürich. In einer der Religionsstunden, die ich besuchte, ist sie mir aufgefallen. Man konnte ihre intensive Mitarbeit beim Streuen eines Mandalas beobachten. Dies war eine Gemeinschaftsaufgabe aller Schüler und Schülerinnen, bei der jeder frei Farben und Formen wählen konnte und seinen Teil selber gestaltete. Der Gestaltungsprozess des Mandalas mit farbigem Sand sei für sie wie eine Entdeckungsreise durch ihre Fantasie gewesen, erinnert sich Sabrina. Sie habe so etwas zum ersten Mal gemacht.

«Ich mag Farben, und zwar alle, so habe ich im Grunde keine spezielle Lieblingsfarbe. Beim Malen mische ich die Farben gerne, damit immer wieder neue entstehen, die Farbenvielfalt interessiert mich», analysiert sie.

Nicht nur die Gestaltung eines Sand-Mandalas war für sie neu, sondern auch viele Themen im Religionsunterricht sind es. Sie besuche ihn erst seit einem halben Jahr und entdecke nun die biblischen Geschichten, die Gian Reto Janki erzählt. Manche davon höre sie zum ersten Mal. Früher sei es vor allem ihre Mutter gewesen, die ihr den Zugang zum Religiösen vermittelt habe. Somit sei jetzt einiges noch etwas fremd für sie, aber spannend.

An Gott und auch an Jesus Christus glaube sie fest, meint Sabrina weiter und erinnert sich an einen beeindruckenden Kirchenbesuch im Kölner Dom während einer Reise. Sie habe dort eine Kerze angezündet und die spezielle Atmosphäre, welche im Raum herrschte, ganz tief gespürt. Alle Menschen seien so seltsam in sich gekehrt gewesen, diese Art von Stille habe ihr sehr gut getan. Es habe keine Hektik geherrscht wie draussen auf den Strassen. Die Mutter und alle anderen waren ungewohnt still – dies sei eine ganz neue Erfahrung für sie gewesen.

Sie kenne das Beten eher als formuliertes Sprechen. Dies wiederum bedeute für sie als Gehörlose stets ein wenig Stress, denn sie wolle das Gebet richtig von den Lippen ablesen und richtig formulieren können.

Auch in der Schweiz habe sie schon Gottesdienste besucht, jedoch mit Hörenden zusammen. Die spezielle Gehörlosenkirche in Zürich-Oerlikon kenne sie noch nicht. So wird also Sabrinas Eintauchen in die religiöse Dimension des Lebens hoffentlich weiterhin eine spannende Entdeckungsreise bleiben mit wertvollen und neuen Erfahrungen.

Von Sabrinas Mutter erfahre ich in einem Telefongespräch, dass ihre Tochter schon die verschiedensten Schulerfahrungen, darunter auch sehr schwierige, gemacht hat.

Es gab Jahre in ihrer frühen Kindheit, in denen es für Sabrina fast unmöglich gewesen war zu lernen. Hochgradig schwerhörig war sie vermutlich schon in ihrem ersten Lebenshalbjahr – durch eine Krankheit, die einen Spitalaufenthalt nötig machte. Es folgte, als sie zwei Jahre alt war, eine Phase, in der sie Hörgeräte tragen sollte, diese aber immer wieder loswerden wollte. Während Sabrina sich im Regelkindergarten bei Hörenden wohl fühlte, fiel ihr das Lernen später in einer speziell eingerichteten, teilintegrierten Schulklasse mit vier weiteren hörgeschädigten Kindern schwer.

Immer mehr machten sich auch ein Gefühlsstau und unterdrückte Emotionen im Kind bemerkbar, welche nach Ausdruck suchten. Bisher hatte sie Sprache mehrheitlich auswendig gelernt, der Zugang zu sprachlichen Inhalten und Bedeutungen blieben ihr noch weitgehend verwehrt.

Diese Situation wurde für Mutter und Kind immer unerträglicher, sodass man sich für das operative Einsetzen eines Cochlea-Implantates entschied. Damit war die Hoffnung verbunden, dass Sabrina besser hören könnte. Doch diese Hoffnungen sollten sich nicht erfüllen, der Erfolg blieb aus.

Sabrina fühlte sich weiterhin oft allein und isoliert in der Schule und erlebte sie eher negativ. Durch einen glücklichen Zufall schliesslich kam sie in die Primarstufe der Schule für Gehör und Sprache in Zürich-Wollishofen.

Dort endlich tat sich für sie die Tür zum Lernen des Schulstoffes auf. Und ein neues Leben begann! Das Unterrichten wird an dieser Schule mit der Gebärdensprache unterstützt. Sabrina lernte die Gebärdensprache im Handumdrehen, so als wäre ein Ventil in ihr geöffnet worden. Mit dem Verstehen der Lerninhalte wuchs parallel dazu ihre Freude am Lernen. Und dies ist bis heute so geblieben.

Zurzeit besucht Sabrina die erste Oberstufenklasse an der Sekundarschule für Gehörlose, auch da wird der Unterricht in der Gebärdensprache geführt. In einer Religionsstunde erlebe ich, wie lebhaft Sabrina mit den Händen mitdiskutiert.

«Woher komme ich?», schreibt Gian Reto Janki an die Wandtafel, und die Schüler übertragen ihre Gedanken dazu mit farbigen Stiften auf ein Blatt Papier. Dabei kommen sie auch auf Gott und die Bedeutung der Taufe zu sprechen. Am runden Tisch tauschen sie ihre Erfahrungen aus, lautlos und mit grosser Aufmerksamkeit auf die Gebärden ihres Gegenübers, damit ihnen nichts entgeht. Erst das Blinken der Pausenglocke beendet ihre eifrige Diskussion.

Eines ihrer Lieblingsfächer ist, neben Mathematik und Kochen, Geschichte. Sie besprechen die Kultur der Ägypter mit ihren Pyramiden und Pharaonen. Das sei sehr spannend, findet Sabrina. Der Schulalltag gefalle ihr, obwohl er anstrengend und sie am Abend sehr müde sei. Zum einen müsse sie wegen des weiten Weges sehr früh aufstehen, nämlich um halb sechs, und zum anderen sei auch der Schulstoff wirklich anspruchsvoll.

Die grosse Menge an Theorie, die vielen Hausaufgaben und ganz besonders das Fach Deutsch zu bewältigen, sei immer noch ein grosser Aufwand für sie. Das Texte-Lesen und insbesondere die deutsche Grammatik habe viele Tücken. Das Ablesen von den Lippen, aber auch das Erfassen der Gebärdengesprache der verschiedenen Lehrkräfte verlange eine hohe Konzentration.

«Jedoch ist es für mich viel einfacher als früher, dank der Gebärden», sagt Sabrina flink in Gebärdensprache zur Dolmetscherin, die für mich das Gespräch in die Lautsprache übersetzt.

Sie schätze die praktischen Kochlektionen im Schulablauf ganz besonders: Poulet und Salat habe sie schon zubereitet und Kuchen gebacken. Kochen und Backen sei neben Schwimmen schon zu ihrem liebsten Hobby geworden, sogar als Beruf könne sie sich dies einmal vorstellen. Das Dekorieren bereite ihr dabei besondere Freude.

Auch in einem Tierheim oder in einer Kinderkrippe zu arbeiten, würde sie interessieren. Aber so genau wisse sie noch nicht, was sie einmal beruflich machen wolle. «Zum

Glück kann man ja dann in der zweiten Oberstufenklasse an verschiedenen Orten eine Schnupperlehre machen.»

Dass Sabrina Tiere mag, sieht man unter anderem daran, dass sie zwei Katzen besitzt, den orangefarbenen Garfield und den schwarzen Blacky. Diese liebt sie über alles. In ihrer Freizeit geht sie wie jeder Teenager gern ins Kino, mit ihren Freundinnen und Freunden, unter denen es sowohl Gehörlose wie auch Hörende gibt. Ihre beste Freundin sei schwerhörig und gehe in eine andere Schule. Sie habe noch viel mehr Tiere zu Hause, nämlich Fische, einen Vogel und einen Hund, berichtet Sabrina.

«Ja, glücklich bin ich schon mit meinem Leben», sagt sie von sich selbst. «Wenn ich erwachsen bin, werde ich vielleicht einmal in einem schönen Dorf wohnen, das still und sauber ist. Die Dörfer nahe bei der Grenze zu Deutschland gefallen mir besonders gut. Doch die Stadt ist zum Ausgehen und schöne Kleider Anschauen natürlich auch ganz toll – und man kann ja mit der S-Bahn hin- und herfahren!»

Das sind schöne Zukunftsträume von Sabrina, denke ich mir beim Abschied und wünsche ihr, dass sie einst alle Wirklichkeit werden.

Ich bin eine Grenzgängerin», sagt Heather Schmidli von sich, «ich bewege mich zwischen zwei verschiedenen Welten, zwischen den Hörenden und Gehörlosen, und in beiden Welten bin ich zu Hause.»

Zum ersten Mal treffen wir Heather Schmidli in einem voll besetzten Kaffee an der Zürcher Bahnhofstrasse in der Nähe ihres Arbeitsortes. Sie sitzt schon an einem Tisch und winkt uns zu. Wir setzen uns zu ihr und sind schnell in ein intensives Gespräch vertieft, später sehen wir sie bei einem weiteren Treffen bei uns zu Hause.

Sie arbeite in einer Grossbank in einer juristischen Abteilung. In der gegenwärtigen angespannten Finanzlage sei dies keine einfache Aufgabe. Sie liebe jedoch berufliche Herausforderungen, der Umgang mit ihren Kunden in internationalem Umfeld liege ihr, erklärt sie uns.

Geboren ist Heather Schmidli in Kanada. Zusammen mit ihrer um sechs Jahre älteren Schwester verbrachte sie ihre frühe Kindheit in Vancouver. Als sie etwa zwei Jahre alt war, verlor sie nach einer scheinbar harmlosen Kinderkrankheit ihr Gehör fast vollständig, bis auf einen kleinen Hörrest. Damals verstand sie plötzlich nicht mehr, was in der Familie zu ihr gesagt wurde. Sie erinnert sich, dass ihre Eltern mehr und mehr das Gefühl hatten, sie sei stur und uneinsichtig geworden.

«Erst später», erklärt sie uns, «als ich in den Kindergarten ging und nicht auf die Worte der Lehrerin reagierte, wurde mein Gehör untersucht und der Gehörverlust festgestellt. Endlich hatten meine Eltern den Grund für mein sonderbares Verhalten gefunden. Von da an förderten sie mich und ermöglichten mir eine gute Ausbildung. Meine Mutter nahm sich viel Zeit für mich und brachte mir das Sprechen bei. Weil sie sehr exakt war und auf einer korrekten Aussprache beharrte, lernte ich bei ihr, deutlich zu sprechen. Dies half mir, mich in der Schule gut verständigen zu können.

Meine Eltern waren stets dafür besorgt, dass ich in der Schule gut vorankam. Einmal griffen sie ein, weil die Lehrerin die schlechte Angewohnheit hatte, hinter der Klasse zu stehen. Ich konnte nicht von ihrem Mund ablesen und deshalb nichts vom Unterrichtsstoff verstehen. Meine Eltern bewirkten, dass ich daraufhin die Klasse wechseln konnte.»

Als Heather Schmidli etwa elf Jahre alt war, zog sie wegen einer neuen Anstellung ihres Vaters mit ihrer Familie in die Schweiz. Es war nicht einfach für sie, Deutsch als Fremdsprache zu lernen und mit der Kultur des Landes vertraut zu werden. Sie besuchte zunächst die internationale Schule in Kilchberg, wo in Englisch unterrichtet wurde. Wer weiss, vielleicht hat sie sich von den unterschiedlichen Kulturen der beiden Länder die besten Eigenschaften angeeignet: Die spontane und grosszügige Art einer Kanadierin, die engagierte und exakte Arbeitsweise einer Schweizerin? So jedenfalls wirkte sie als Person auf uns.

Im Alter von etwa sechzehn Jahren erfuhr sie von der Gehörlosengemeinde in Zürich. Bis dahin hatte sie wenig Kontakt zu Gehörlosen gehabt. Vielleicht wäre dies eine Chance, gleichgesinnte Menschen mit einem ähnlichen Schicksal kennenzulernen, dachte sie sich. Damals hatte sich die Gehörlosenkirche durch viele neue Ideen und Innovationen zu einer lebendigen Gemeinschaft entwickelt.

«Du musst die Orgel erleben!», sagte ihr eine Bekannte, «die Töne der Orgel kannst du mit den Händen und Füssen wahrnehmen!»

So besuchte sie zum ersten Mal einen Gottesdienst in der Gehörlosengemeinde. Sie war beeindruckt von der einzigartigen, gehörlosengerecht gebauten Kirche, von der Orgel, die man durch die Vibrationen auf dem hölzernen Boden der Bühne wahrnehmen kann. Am meisten aber war sie vom Pantomimenspiel des Mimenchors angetan, der bei ihr die Sehnsucht nach Bewegung und eigenem körperlichem Ausdruck weckte. Sie fühlte sich mit all ihren Sinnen angesprochen, in dieser Gruppe wollte sie mitleben, mitspielen und sich engagieren!

Der Mimenchor war gegründet worden mit dem Ziel, den Gottesdienst durch Pantomime und Bewegung zu bereichern. Ein Chor, der nicht singt, sondern durch Bewegen des ganzen Körpers und Mimik Glaubensinhalte anhand von biblischen Figuren darstellt.

Sie wurde Mitglied des Mimenchors, der damals schon über die Landesgrenzen hinaus bekannt war. Sie spielte Frauenfiguren aus der Bibel und fand zu ihrem ganz persönlichen Ausdruck. Einmal war sie ein Engel, der die Geburt Jesu verkündet. Sie spielte ihn nicht als barocken lieblichen Engel, sondern als einen, der kraftvoll und mit Würde sich den Menschen zuwendet. Durch das Mitwirken im Mimenchor sah sie «hinter die Kulissen der Kirche», da sie selbst Gestaltende und nicht nur Besucherin war. So bekam die Kirche für sie ein menschliches Gesicht, wie sie selber sagt.

Heute sind es mehr als dreissig Jahre, dass sie im Mimenchor mitwirkt. Langjährige Freundschaften verbinden die Mitglieder untereinander. Vor kurzem spielte sie Maria in der Weihnachtsgeschichte, nicht mehr als ein junges Mädchen, sondern als eine im Leben erfahrene Frau.

«Mir geht es gut im Leben», stellt sie dankbar fest, «deshalb möchte ich für die Gesellschaft einen sozialen Beitrag leisten.» Auf diesem Hintergrund sieht sie ihre heutige Tätigkeit im Vorstand der Gehörlosengemeinde.

«Im Laufe der Zeit hat sich das Leben der Gemeinde verändert. Die Leute, die an den Aktivitäten teilnehmen, sind älter geworden, es ist schwierig, jüngere Gehörlose zu einem verbindlichen Engagement zu bewegen. Die Gefahr ist, dass man zu lange in bewährten Mustern verharrt, dabei wäre es doch wesentlich, weiterhin zu experimentieren, neue Formen und Wege in der Gestaltung der Gottesdienste und im Gemeindeaufbau zu finden!»

Der Vorstand wurde ins Leben gerufen mit der Absicht, dass die Gemeindeglieder selbst Verantwortung übernehmen und aktiv mitgestalten. «Es gibt auch in der heutigen Zeit hoffnungsvolle Ansätze für Veränderung und Neubelebung in der Gemeinde.»

Ihr gehe es bei ihrem kirchlichen Engagement vor allem um ein soziales Handeln, sie bezeichne sich selbst nicht als tiefgründig religiös, meint Heather Schmidli. In diesem Zusammenhang blickt sie zurück auf ihre Kindheit: «Meine Eltern waren in der anglikanischen Kirche verwurzelt und bemühten sich, mir Glaubensinhalte zu vermitteln. Doch verstand ich als kleines Mädchen oft nichts von dem, was der Pfarrer in einem Gottesdienst erzählte. Die Vermittlung des Glaubens allein durch das gesprochene Wort finde ich bis heute problematisch. Ich brauche zusätzliche Zeichen, Rituale, Gesten, und vor allem den Austausch mit beziehungsfähigen Menschen, um etwas vom Glauben zu erfahren.»

Unvergesslich bleibe ihr jenes Erlebnis aus der Primarschulzeit, als ihre Lehrerin der Klasse die Aufgabe erteilte, ein Bild von Weihnachten zu zeichnen. Sie machte sich daraufhin eifrig an die Arbeit und malte ein wunderschönes Schiff, das über die Wellen des Meeres glitt. Als sie das fertige Bild stolz der Lehrerin zeigte, war diese empört, schüttelte den Kopf und meinte: «Was hat das mit Weihnachten zu tun?»

Damals fühlte sie sich missverstanden und im Innersten verletzt. Heute wisse sie, dass der eigene Glaube nicht vom Verstehen und Verstandenwerden durch andere Menschen abhänge, sondern vielmehr eine eigene innere Erfahrung sei, die langsam im Leben wächst.

Im beruflichen Alltag von Heather Schmidli spielt die Kommunikation eine zentrale Rolle. Viel schneller als andere stösst sie dabei an Grenzen. Einfach zum Telefonhörer zu greifen und bei einem Kunden nachzufragen, ist für sie nicht möglich. Wenn sie zum Sprechenden keinen Sichtkontakt hat, ist eine Verständigung undenkbar. Sich mit mehreren Menschen gleichzeitig zu unterhalten, in einem schlecht beleuchteten Raum, ist für sie eine Überforderung.

«Manchmal fühle ich mich in solchen Situationen isoliert, ich kämpfe gegen das Gefühl der Einsamkeit. Die Kommunikation ist immer mit einer besonderen Anstrengung verbunden. Fernsehsendungen ohne Untertitel oder die Unterhaltung in einem Restaurant voller Lärm erfordern viel Kraft und Konzentration.»

Im Gespräch mit ihr fällt auf, dass ihre Augen immer sehr wach und aufmerksam sind. Sie sagt von sich, dass sie ihren Blick geschult habe. Sie könne in den Gesichtern und speziell in den Augen der Menschen viel erkennen: In welcher Verfassung jemand sei, ob sie jemandem trauen könne, ob jemand die Wahrheit sage, dies lese sie oft im Gesichtsausdruck ihres Gegenübers. Ihr kritischer Blick helfe ihr, jemanden zu verstehen. So lasse sie sich nicht so schnell täuschen. Sie sei unbeirrbar geworden, bringe Worte, Blicke und Gesten zusammen, durchschaue ihr Gegenüber schneller. Gerade weil sie in der Verständigung oft an Grenzen stosse, müsse sie sich aufs Wesentliche beschränken. Sie staunt manchmal darüber, wie leichtgläubig hörende Menschen sein können, weil sie sich zu sehr aufs gesprochene Wort verlassen und zu wenig den Menschen als ganzen im Auge haben.

Das Leben als Grenzgängerin findet sie spannend und eine grosse Bereicherung. Sie sei mit einem hörenden Mann verheiratet und könne sich gut in der hörenden Welt bewegen, sie spreche aber auch Gebärdensprache. Vielleicht sei es ihre Lebensaufgabe, Brücken zu schlagen und zwischen den verschiedenen Welten der Hörenden und Gehörlosen zu vermitteln.

Einundsiebzig Jahre alt ist Helene Kistler und hat eine langjährige und vielfältige Beziehung zur Gehörlosengemeinde Zürich. War sie früher einmal aktiv im Kirchenvorstand tätig, hilft sie heute noch gerne mit, wo sie kann, sei es bei einem Briefversand oder bei einer kleinen Handreichung für die Gemeindemitglieder.

«Mit Pfarrerin Marianne Birnstil verstehe ich mich seit Jahrzehnten gut und will gar nicht erst daran denken, dass sie einmal pensioniert wird. Ich werde sie vermissen», erzählt sie uns. «Ganz besonders schätze ich die ökumenischen Gottesdienste, die ich regelmässig besuche. Das konfessionell Verbindende zu leben, ist wichtig für mich, denn ich bin russisch-orthodox getauft.»

Obwohl seit einem Sturz gesundheitlich etwas angeschlagen, wollte sie den ökumenischen Weihnachtsgottesdienst in der Augustinerkirche in Zürich unbedingt besuchen. Sie liebt Weihnachtslieder wie «Stille Nacht» und «O du fröhliche», die man auch gebärden kann, und die festliche Atmosphäre.

Auch wir haben an dieser Weihnachtsfeier teilgenommen und waren beeindruckt von der besinnlichen Stimmung, die von den gehörlosen und den hörenden Besuchern verbreitet wurde. Das alljährliche Weihnachtsspiel des Mimenchors wird jedes Mal anders umgesetzt.

So verkündete dieses Jahr ein tanzender, weissgekleideter Engel von der Kanzel die frohe Botschaft durch Bewegung und Mimik, während sich Herodes wild gestikulierend und stampfend mit furchterregender Miene gegen die Geburt von Jesus Christus wehrte.

Helene Kistler bedeuten gerade diese Festgottesdienste viel für die eigene Geborgenheit im Leben und in der Gemeinschaft der Gehörlosen. So will sie sich auch nicht über ihre geschwächte Gesundheit beklagen, denn seelische Kraft zur Zufriedenheit habe sie noch genügend!

Ihre frühe Kindheit verbrachte sie auf dem Land, in Tariverde, einem Dorf im heutigen Rumänien. Sie erlebte sie als sehr glücklich. Die Mutter, deren Vorfahren 1840 einwanderten, war eine Deutsche, der Vater Russe.

«Als Kind bin ich hörend gewesen bis zum Alter von sechs Jahren», berichtet sie uns. «Bis zum heutigen Tag weiss ich, wie es tönt, wenn der Wind durch die Blätter einer Birke weht.»

Sie erinnere sich gut an die Schafe des Grossvaters, wie er ihr ein Junges in den Arm gelegt habe, und dass sie manchmal im Stall bei den Schafen schlafen durfte. Die weiten Kornfelder und die schönen Weinberge sehe sie heute noch vor sich. Wie man zur Erntezeit mit den Füssen die Trauben weich gestampft und danach den frischen Traubensaft getrunken habe.

«Regelmässig besuche ich meinen Geburtsort Tariverde in Rumänien, mein Geburtshaus steht heute noch. Ich habe ein wenig Erde von dort mitgenommen und auf das Grab meiner Mutter in Deutschland gestreut», erzählt sie.

«Damals, nach dem zweiten Weltkrieg, wurden wir vertrieben und mussten flüchten, über Polen und weiter nach Westen, bis wir schliesslich in die Nähe von Stuttgart gelangten. Ich erlebte die Schrecken und Wirren des Krieges. Unter welchen Umständen ich mein Gehör verlor, darüber möchte ich hier nicht berichten. Mein Vater war Soldat und blieb in Russland verschollen.

In Bönnigheim bei Stuttgart lebte ich mit meiner Mutter und konnte dort die Gehörlosenschule besuchen. Vor allem aber wurde ich eine Sportlerin des Gehörlosensportvereins, eine Spitzensportlerin, um genauer zu sein: Mit sechzehn Jahren lief ich 100 Meter in 11 Sekunden. Ich spielte Fussball, war eine Leichtathletin, fuhr mit dem Kanu in Neuseeland – mutig war ich und voller Kraft.

Die Gemeinschaft von Gehörlosen im Sportverband ist international und dauert bis heute an. Ich lernte viele Leute kennen und bekomme Briefe von Menschen aus aller Welt.»

Stolz berichtet Helene Kistler über die Behindertenolympiade vor zwölf Jahren in Dänemark, wo sie als Fahnenträgerin der Schweizer Delegation mit dabei sein konnte. Immer wieder organisierte sie internationale Begegnungen für Gehörlose oder für Eltern von gehörlosen Kindern. So zeigte sie zum Beispiel im letzten Jahr Bekannten aus Stuttgart die Stadt Zürich zur Weihnachtszeit.

Innerhalb der Gehörlosengemeinde steht sie heute nicht mehr gerne selbst im Vordergrund. Früher half sie oft mit, neue Ideen zu entwickeln, und liebte es, Menschen zusammenzubringen. Sie half mit, die sogenannte Bodensee-Schifffahrt für die Gehörlosengemeinde ins Leben zu rufen, bei der sich Deutsche und Schweizer einmal im Jahr mitten auf dem See zu einem Gottesdienst treffen. «Die Gebärdensprache ist eben international zu gebrauchen», lacht sie.

«Durch den Gehörlosensportverband lernte ich auch meinen Mann kennen, er war Schweizer. Durch meine Heirat mit ihm kam ich in die Schweiz.»

Das Leben sei aber noch einmal sehr hart für sie geworden, als ihr Mann früh verstarb und sie mit den beiden damals jugendlichen Söhnen allein zurückblieb. Die Erziehung der Kinder habe sie viel Kraft gekostet. Sie hat darauf geachtet, dass beide Jungen eine Berufslehre machen konnten. Heute haben beide Söhne gute Berufe und sie ist stolze Grossmutter von vier Enkelkindern. Gerade eben, zu Neujahr, sei die ganze Familie zu einer Feier zusammengekommen.

Helene Kistler zeigt uns farbenfrohe Fotos in einem Leporello, auf denen sie ihre Enkelkinder, alles Buben, in ihren Armen hält. «Da waren sie noch kleine Babys, und jetzt sind sie schon so gross!»

Immer noch lebt Helene Kistler selbständig in ihrer eigenen Wohnung. Manchmal nimmt sie die Hilfe der Spitex in Anspruch. In eine Seniorenresidenz wolle sie noch lange nicht ziehen, es sei langweilig dort, ist ihre Meinung, sie bleibe lieber in ihrer vertrauten Umgebung.

Hin und wieder nehme sie jetzt ein Taxi, um in die Gottesdienste und nachher nach Hause zu kommen. Bei der Zubereitung des Imbisses nach den Gottesdiensten könne sie nun nicht mehr helfen. «Ich geniesse ihn dafür umso mehr und schätze das gemütliche Zusammensein und die Gespräche mit den Gehörlosen.»

Als wir zum Schluss unseres Gesprächs noch einmal auf den Glauben zu sprechen kommen, hält Helene Kistler klar und sicher fest, sie sei eine gläubige Christin und habe einen starken Glauben an Gott. Fast jeden Tag bete sie im Stillen das Unservater und lese ab und zu etwas aus dem Neuen oder Alten Testament. Das wichtigste Anliegen aber sei für sie, dass unter allen Religionen Frieden herrsche.

«Es gibt nur einen Gott für alle Menschen», sagt sie und fügt eine eindrückliche Botschaft an: «Mein grösster Wunsch ist Frieden unter den Menschen. Dies ist das Wichtigste. Denn ich habe den Krieg erlebt!»

René Mettler ist stolz auf seine Tätigkeit als Kirchenhelfer, die er schon über fünfzig Jahre lang ausübt.
Früher gab es feste Kirchenkreise im Gehörlosenpfarramt,
er war in Horgen für den Sigristendienst zuständig. Immer
noch nimmt er diese Aufgabe bei jedem Gottesdienst in der
Gehörlosenkirche in Oerlikon wahr.

Er regelt die Beleuchtung, zündet die Kerzen an, er be-
reitet das Abendmahl vor und schliesst am Schluss einer
Veranstaltung die Türen ab. Jeden Handgriff kennt er im
Schlaf, auf ihn ist Verlass. Auch sonst fühlt er sich für die
kirchlichen Räume verantwortlich, so hat er im Gemein-
schaftsraum an den Wänden Holzleisten zum Schutz vor
Beschädigungen durch die Stühle angebracht.

Einmal im Monat findet dort ein gemeinsames Mittag-
essen statt. Man trifft sich, um zu plaudern, Neuigkeiten
auszutauschen und um einfach zusammen zu sein. René
Mettler verpasst keinen dieser Anlässe. Er fühlt sich wohl
im kirchlichen Umfeld, das ihm seit Jahrzehnten vertraut
ist.

Heute sind wir zum Essen eingeladen. Jüngere und ältere Leute sitzen beieinander, sie unterhalten sich angeregt,
die einen mit Gebärden, andere in Lautsprache. Ein junger
Mann erzählt von einem Computerproblem und fragt seinen Nachbarn um Rat. Man freut sich über die Tischdeko-
ration, die bunten Papierschlangen zaubern eine fröhliche

Stimmung herbei und weisen auf die kurz bevorstehende Fastnacht hin.

Einige ältere Leute sprechen über das Wetter: Man erwarte sehnsüchtig den Frühling, so viel Schnee habe es schon lange nicht mehr gegeben.

Mitten unter ihnen sitzt René Mettler, er diskutiert mit und konzentriert sich auf sein Gegenüber. Das Essen wird gelobt: Gemüseeintopf mit Wienerli und Speck, und zum Kaffee gibt es einen Dessert, den eine anwesende Frau spendiert hat. Eine Karte wird herumgereicht, und alle unterschreiben. Die Pfarrerin Marianne Birnstil hat Geburtstag. Ihr wird mit lautem Applaus ein Geschenk mit der Glückwunschkarte überreicht.

Nach dem Essen treffe ich mich im angrenzenden Raum mit René Mettler zum Gespräch. Pfarrerin Marianne Birnstil ist mit dabei und hilft mir bei der Verständigung. Sie versteht durch ihre jahrelange Erfahrung im Umgang mit Gehörlosen deren Aussprache gut und kann im Zweifelsfall übersetzen.

«Ich werde in wenigen Monaten achtzig Jahre alt», sagt René Mettler stolz, «und arbeite immer noch für meinen Chef, bei dem ich bis zu meiner Pensionierung über vierzig Jahre lang angestellt war. Er hat immer noch Aufträge für mich. Ich packe Möbel aus, die von Schweden per Lastwagen geliefert werden. Es ist natürlich keine schwere Arbeit mehr, aber immerhin kann ich mich nützlich machen.»

René Mettler erzählt von seiner Kindheit, er erinnere sich oft an seine jungen Jahre:

«Ich war das älteste von drei Kindern. Wir hatten zu Hause ein Grammophon mit einem trichterförmigen Lautsprecher. Ich war sehr erstaunt, dass ich nichts hören konnte, obwohl alle mir andeuteten, dass ein Ton aus dem Trichter herauskomme. Bald darauf wurde vom Arzt bestätigt, dass ich fast nichts höre. Natürlich, wenn in der Nähe von mir eine Bombe explodierte, würde ich es schon hören.

Als ich vier Jahre alt war, kam ich nach Wollishofen in die Gehörlosenschule, wo ich zuerst den Kindergarten besuchte. Ich wohnte mit sehr vielen Knaben zusammen in einem Raum, doch mir gefiel es, ich lernte und spielte gerne mit vielen Kindern. Als ich etwas älter war und die Oberstufe in derselben Schule besuchte, lernte ich Pfarrer Eduard Kolb kennen. Er erteile Religionsunterricht und kümmerte sich auch sonst in vielen Belangen um uns. Die Konfirmation war für mich ein besonderes Erlebnis, seither bin ich mit der Gehörlosenkirche eng verbunden. Pfarrer Kolb war es auch, der mir half, nach der Schule eine Lehrstelle als Möbelpolier zu finden.»

Zeit seines Lebens war René Mettler gerne handwerklich tätig, er kommt ins Schwärmen, wenn er von seinem Beruf erzählt:

«Ich kam nach Rothenthurm in eine Möbelfabrik, die als Familienunternehmen geführt wurde. Über die Jahre gehörte ich einfach zum Betrieb. Ich restaurierte Möbel, schliff sie zuerst ab, spachtelte die Wurmlöcher aus, grundierte und lackierte die einzelnen Möbelstücke, dass sie am Ende wie neu aussahen. Mit der Besitzerfamilie bin ich bis heute verbunden, ich erhielt durch das Geschäft eine Wohnung, in der ich bis heute lebe, das sind fast sechzig Jahre.»

In Rothenthurm ist René Mettler eine bekannte Person, da er schon viele Jahre im Dorf lebt und arbeitet. Man sagt von René Mettler, dass er einfach ein guter Mensch ist, der treu und fleissig mitschafft und auf den man sich verlassen kann. Da er kein Stubenhocker sei, sehe man ihn oft im Dorf und in der Umgebung. Er wandere gerne durch die Moorlandschaft und geniesse die Ruhe in der Natur. Er könne schon nicht mehr so schnell gehen wie früher, meint er, denn er müsse auf sein Herz Rücksicht nehmen, das schliesslich auch nicht mehr das jüngste sei.

Nein, sagt er energisch, ins Altersheim gehe er sicher nicht, er komme schon allein zurecht. Übrigens wolle er hundert Jahre alt werden! Allerdings habe er sich vorgenommen, in zwei Jahren definitiv mit seiner Arbeit bei seinem langjährigen Arbeitgeber aufzuhören, er habe ja lange genug gearbeitet. Er warte dann, bis er sterbe, aber er hoffe natürlich, dass ihm noch einige Zeit zum Leben bleibe! René Mettler wird nachdenklich und auch etwas traurig:

«Meine Frau ist schon vor fünfzehn Jahren gestorben. Bei der Abdankungsfeier haben wir Geld gesammelt für die Aufforstung eines Waldes in Israel. Kurz danach reisten wir mit Pfarrerin Birnstil ins Heilige Land, und ich habe dort selbst die Bäume gepflanzt, es waren zweiundzwanzig. Sie sind jetzt sicher gross und stark geworden. Gerne würde ich sie noch einmal sehen, eine Reise dorthin aber wäre für mich zu beschwerlich. Früher habe ich zusammen mit meiner Frau viele Reisen unternommen, wir waren in Schweden, in Finnland mit der Gehörlosengemeinde, auch im Berner Oberland und in Crans-Montana verbrachten wir unsere Ferien.»

Auf die Frage, wie er denn heute nach Zürich gereist sei, antwortete er: «Natürlich mit meinem eigenen Auto! Es ist ein VW, ich habe ihn schon zwanzig Jahre und er läuft tadellos. Schon seit fünfzig Jahren fahre ich unfallfrei, ausser einer kleinen Beule am Auto ist mir noch nie etwas zugestossen. Schliesslich bin ich aufs Auto angewiesen.»

Gerade gestern sei er zu seiner Tochter gefahren, um seine drei Enkelkinder zu besuchen. Er habe ihr beim Sägen des Brennholzes geholfen. Es sei eine anstrengende Arbeit gewesen, er spüre es immer noch in seinen Armen, aber für seine Tochter mache er es gerne. Beim Autofahren behindere ihn am meisten seine Brille, er sehe nicht mehr so gut und müsse sich deshalb beim Fahren sehr konzentrieren.

Trotz allen Schwierigkeiten habe er ein gutes Leben gehabt, resümiert René Mettler. «Gott war gut zu mir. In meinem Leben bin ich zwar nicht reich geworden, doch es wurde mir viel geschenkt. Reichtum ist ja auch nicht das Wichtigste.»

Am Schluss unseres Gespräches äussert er den Wunsch, mir sein Auto zu zeigen, welches im Hof des Gehörlosenzentrums steht. So lasse ich mich zu den Parkplätzen führen, auf denen sein alter VW steht. Man sehe, dass er gut gepflegt werde, sage ich voller Bewunderung für den langjährigen Besitzer. René Mettler verabschiedet sich, er müsse noch vor der Dämmerung nach Hause fahren. Zielsicher steuert er durch die schmale Ausfahrt und winkt mir noch einmal herzlich zu.

SCHLUSSGEDANKEN

Zahlreich kommen die Besucher in die Gehörlosen-kirche zum Neujahresgottesdienst, der ökumenisch gestaltet wird und jedes Jahr ein besonderes Ereignis ist. Peter Schmitz-Hübsch, der katholische Gehörlosenseelsorger, und die reformierte Pfarrerin Marianne Birnstil betreten mitein-ander den Kirchenraum. Die Orgel setzt zum Eingangsspiel an, und ein Psalmwort wird an die Wand projiziert. Der Anfangssegen wird von beiden gesprochen und gleichzeitig mit lautbegleitender Gebärdensprache veranschaulicht.

Ihre enge Zusammenarbeit sei von zentraler Bedeutung, betonen die beiden Seelsorger, sie hätten untereinander einen regen Austausch, man sei auf gegenseitige Unterstützung und Akzeptanz angewiesen.

Manchmal sei es wie in einer grossen Familie, betont Marianne Birnstil, die schon über fünfundzwanzig Jahre im reformierten Gehörlosenpfarramt tätig ist. Sie kenne einzelne Gottesdienstbesucher seit Jahren und habe mit ihnen manche Höhen und Tiefen durchlebt. Auch in alltäglichen Belangen nehme man Anteil und helfe sich gegenseitig.

Schon einige Male besuchten wir einen von Marianne Birnstil gestalteten Gottesdienst für Gehörlose. Mit Gebär-den begleitet sie ihre klar artikulierten Worte, sodass es auch für Hörende ein Genuss ist, ihr mit den Augen zuzuhören. Unvergesslich bleibt für uns das Bild vom ‹Faden Gottes›, welches sie in einer ihrer Predigten ausführte und mit ihren Händen veranschaulichte: Es gebe einen Faden, der oben und unten, Mensch und Gott verbinde. Dieser Faden Gottes sei nicht nur in der Kirche da, sondern begleite den Menschen überallhin und gebe ihm Kraft und Vertrauen, auch schwierige Lebenssituationen zu bewältigen.

Jetzt, im Neujahrsgottesdienst, legt sie eine Folie auf den Hellraumprojektor. Ein Schmunzeln geht über die Gesichter der Gottesdienstbesucher, als gross das Bild eines Skispringers auf der weissen Wand neben der Orgel erscheint. Sie fragt:

«Wissen Sie, wer das ist?»

Sofort kommt eine Antwort aus den hinteren Reihen der Kirche: «Das ist Simon Ammann!»

Jemand kommt sogar spontan nach vorne und erklärt mit Gebärden, dass er begeisterter Fan von Simon Ammann sei. Marianne Birnstil fragt weiter:

«Können Sie auch so gut springen?»

«Nein, ich hätte Angst!», meint jemand lachend.

«Ich würde es auch nicht wagen, so weit zu springen», entgegnet Marianne Birnstil, «überlassen wir doch das Skispringen Simon Ammann, er kann es besser als wir. Aber eines müssen wir alle wagen. Niemand kann im alten Jahr zurückbleiben. Wir müssen alle ins neue hineinspringen, auch wenn wir vielleicht Bedenken haben vor dem, was kommen wird, und lieber das Altbekannte und Bewährte festhalten wollen. Wir können darauf vertrauen, dass Gott uns in seinen Händen hält und unseren Sprung auffängt, sodass wir im Grunde keine Angst haben müssen.»

Marianne Birnstil ist durch ihre jahrelange Erfahrung im Umgang mit Gehörlosigkeit geübt im mündlichen und gestischen Ausdruck. Sie versteht es, sich durch einprägsame Bilder verständlich auszudrücken und begleitet ihr Sprechen mit Gebärden. Wenn man sich auf diese Gebärden einlässt und beginnt, mit den Augen zu hören, kann es sein, dass sich das Verständnis eines Wortes vertieft. Folgende Worte werden mit bestimmten, aussagestarken Gebärden ausgedrückt: Beim Wort ‹Gott› weist die rechte Hand in die Höhe. Bei den Worten ‹Jesus Christus› berührt der rechte Mittelfinger die linke Handfläche und umgekehrt der linke Mittelfinger die rechte

Handfläche, dies deutet auf die Wundmale Christi hin. Beide Hände werden beim Wort ‹Frieden› ineinander gelegt, beim Wort ‹wir› beschreiben beide Hände einen grossen Kreis.

Nach der Neujahrspredigt führt der katholische Kollege ebenfalls mit Worten und Gebärden durch einen Psalm. Zum Unservater stehen alle auf und beten es in Lautsprache und mit Gebärden. Es ist ein besonderes Erlebnis und eine neue Erfahrung, mit den Händen die bekannten Worte auszudrücken: «Denn dein ist das Reich und die Kraft und die Herrlichkeit in Ewigkeit, Amen.» Beim Wort ‹Amen› legt man die eine geschlossene Hand in die andere, zu einer Schale geöffneten Hand: Amen. Man spürt mit den eigenen Händen, dass das Amen einen Abschluss und zugleich einen Neuanfang bedeutet, symbolisiert durch die offene und die geschlossene Hand.

Das reformierte Pfarramt für Gehörlose besteht nun seit einem Jahrhundert. Zu diesem Jubiläum ist das vorliegende Buch entstanden, das im ersten Teil Porträts gehörloser Menschen und in einem zweiten Teil eine Chronik über die Geschichte des Gehörlosenpfarramts enthält. Es ist zum einen ein Blick auf die Gegenwart durch die verschiedenen Lebensbilder von Menschen, die mit der Gehörlosengemeinde verbunden sind, und zum anderen ein Blick zurück in die Vergangenheit auf die wechselvolle Geschichte und Entwicklung dieser Gemeinde.

Nun können wir den Blick in die Zukunft richten und uns das Bild des Skispringers vor Augen halten. Dieser hat den Mut, ins Ungewisse zu springen, und vertraut zugleich auf seine Erfahrungen und Fähigkeiten. Möge die Gehörlosengemeinde den Sprung in die Zukunft wagen, mit dem Vertrauen, dass Gott den Menschen in seinen Händen hält.

Dank

In erster Linie geht unser Dank an die Gesprächsteilnehmer/ -innen: Rolf Ruf, Beatrice El Serafi, Edwin Zollinger, Gian Reto Janki, Marinus, Sabrina, Heather Schmidli, Helene Kistler und René Mettler. Wir danken ihnen für ihre Bereitschaft, beim Projekt mitzuwirken, für ihre Offenheit, ihr Engagement und ihr Vertrauen uns gegenüber. Es war eine Freude und eine Bereicherung, sie kennenzulernen.

Anne Bürgisser Leemann, der Fotografin, danken wir für die gute Zusammenarbeit und für die gelungenen, einfühlsamen Porträtaufnahmen.

Dem Kirchenrat der Evangelisch-reformierten Landeskirche des Kantons Zürich, der Kirchenrätin Irene Gysel und Pfr. Ulrich Bosshard, Abteilungsleiter Diakonie und Seelsorge, gilt unser Dank für die Auftragserteilung und das geschenkte Vertrauen, das es uns ermöglichte, ein eigenes Konzept zu entwickeln.

Michael Gebhard

100 JAHRE REFORMIERTES GEHÖRLOSENPFARRAMT IM KANTON ZÜRICH

CHRONIK

EINLEITUNG

Mit den Augen hören ...
Der Titel des vorliegenden Buchs bezieht sich auf die Fertigkeit von gehörlosen Menschen, über das Ablesen mit hörenden Personen zu kommunizieren. Doch bereits der gehörlose Eugen Sutermeister (1862–1931) hatte in seiner Ausbildung in der Taubstummenanstalt Riehen festgestellt, dass Gehörlose mit dem Ablesen in den Gottesdiensten der Hörenden scheiterten. Sutermeister setzte sich dafür ein, dass gehörlose Menschen einen auf ihre Bedürfnisse zugeschnittenen Gottesdienst erhielten. Seine Initiative führte unter anderem im Kanton Zürich zur Schaffung eines Gehörlosenpfarramtes. Der Kirchenrat des Kantons Zürich nahm die Bedürfnisse der Gehörlosen ernst. Mit der Errichtung eines Spezialpfarramtes ermöglichte er den Gehörlosen den Zugang zur Kirche. Das bedeutete nicht nur «gehörlosengerechte Gottesdienste», sondern auch Religionsunterricht für gehörlose Kinder sowie Seelsorge für gehörlose Personen.

Indem der Kirchenrat des Kantons Zürich ein Gehörlosenpfarramt einrichtete, fällte er einen wichtigen Entscheid: Er anerkannte die Gehörlosen als gleichberechtigte Mitglieder der Landeskirche, war bereit, ihre Bedürfnisse zu berücksichtigen, und wollte zudem den Gehörlosen mit dem Gehörlosenpfarrer einen starken Partner zur Seite stellen.

Der Gehörlosenpfarrer sollte die Gehörlosen auch im Alltag unterstützen und gegebenenfalls ihre Rechte vertreten.

In der Zusammenarbeit mit den Gehörlosen waren die Gehörlosenpfarrer immer wieder mit den Gleichstellungsforderungen der Gehörlosen konfrontiert. Es genügte nicht, dass sie geschätzte und notwendige Dienstleistungen für die Gehörlosen erbrachten. Sie mussten sie auch als gleichberechtigte Partner anerkennen und respektieren. Ein partnerschaftliches Verhältnis lässt sich nicht von heute auf morgen realisieren: Es war ein langer Prozess, den die Gehörlosen und die Gehörlosenpfarrer aktiv miteinander gestalteten.

Damit die Gehörlosen «mit den Augen hören» können, müssen die Rahmenbedingungen erfüllt sein. Aus heutiger Sicht scheint es nur selbstverständlich, den Gottesdienstraum den Bedürfnissen der Gehörlosen anzupassen. Aber erst mit dem Einzug ins Gehörlosenzentrum wurde diese Forderung erfüllt. Die Gehörlosenpfarrer benötigen Amts- und Begegnungsräume, die sie für ihre Tätigkeit und für die Gruppenarbeiten nutzen können. Wer heute im Gehörlosenzentrum die grosszügigen Räume des Gehörlosenpfarramtes betrachtet, kann sich wohl kaum vorstellen, wie schwierig die Ausgangslage für die Gehörlosenpfarrer war.

... in einer Chronik darstellen?

Das Gehörlosenpfarramt mit seinen Dienstleistungen steht im Vordergrund der Chronik. Wie aber hat die «Gesellschaft» auf das Gehörlosenpfarramt reagiert? Auch darauf geht sie ein. Es werden Themen aufgegriffen, die in der Geschichte des Gehörlosenpfarramtes eine grosse Rolle gespielt haben und die auch heute interessant sind.

Viele Geschichten zeigen die Arbeit und Bedeutung des Gehörlosenpfarramtes. Die vorliegende Chronik ist ein Versuch, einen Teil dieser Geschichten festzuhalten. Nicht alles konnte dabei berücksichtigt werden. Der Umgang des Gehörlosenpfarramtes mit der Gebärdensprache beispielsweise wird nur in groben Zügen dargestellt.

Vor allem als 1951 Pfarrer Eduard Kolb Kirchenhelfer einsetzte, wurde die Wahl von Kirchenhelferinnen in der Gehörlosengemeinde aktuell. Es ist nicht bekannt, ob und wie gehörlose Frauen schon seit 1909 Verantwortung übernommen haben. Da die Quellenlage in diesem Bereich sehr dürftig ist, wurde auf eine differenzierte Darstellung zum Thema «Kirchenhelferin» verzichtet. Es ist aber nicht auszuschliessen, dass auch Frauen als Kirchenhelferinnen mitwirkten. In diesem Sinne sind Kirchenhelferinnen in der männlichen Form mitgemeint.

Informationen rund ums Gehörlosenpfarramt

Die Chronik basiert auf Quellen, die in verschiedenen Archiven aufbewahrt werden. Die Unterlagen der Gehörlosenpfarrer Gustav Weber, Jakob Stutz und Eduard Kolb befinden sich im Staatsarchiv des Kantons Zürich und sind frei zugänglich. Die Akten von Gehörlosenpfarrer Eduard Kolb umfassen auch Dokumente zum Mimenchor und seinen Gastspielreisen sowie zum Bau der Gehörlosenkirche. Auch die Unterlagen zur Gründung des Gehörlosenpfarramtes (ca. 1903–1909) werden im Staatsarchiv Zürich aufbewahrt. Für die Zeit nach 1970 stellten freundlicherweise Mitglieder der Gehörlosengemeinde die Unterlagen zur Verfügung.

Wo nötig wurden weitere Archive hinzugezogen: Für die Darstellung des Aufbaus der katholischen Behindertenseelsorge wurden Unterlagen aus dem Archiv der Caritas Zürich und des Schweizerischen Caritasverbandes (Depositum im Staatsarchiv Luzern) sowie die Dokumentation der katholischen Behindertenseelsorge verwendet.

Als gute Ergänzung eigneten sich die Jahresberichte der Arbeitsgemeinschaft für Taubstummenseelsorger beziehungsweise der Schweizerischen Arbeitsgemeinschaft für Gehörlosen-Seelsorge. Diese Dokumente wurden von Heinrich Beglinger zur Verfügung gestellt. Für allgemeine Fragen zur Finanzierung der Behindertenwesen wurden die Quellen des Schweizerischen Bundesarchivs sowie die Jahresberichte des Zürcher Fürsorgevereins für Gehörlose benutzt.

Eine der wichtigsten Quellen ist und bleibt die Schweizerische Gehörlosenzeitung, heute unter dem Namen «Sonos» bekannt. Sie diente vor allem als wichtiges «Nachschlagewerk»: Insbesondere die Nekrologe halfen, die Bedeutung von Gehörlosen für das Gehörlosenpfarramt besser einzuschätzen.

Begriffe und Namen verändern sich

Im Laufe der Zeit haben sich Namen und Begriffe geändert. Viele der früher verwendeten Begriffe werden heute als diskriminierend abgelehnt. Es brauchte aber viel Zeit, bis sich neue Bezeichnungen durchgesetzt hatten: «Gehörlos» und «taubstumm» wurden noch lange gleichzeitig als Fachbegriffe verwendet. Bereits in den 1950er Jahren hatte der Begriff «taubstumm» eine andere Bedeutung als zu Beginn des 20. Jahrhunderts. In der Chronik werden offensichtlich veraltete Begriffe angepasst. «Taubstumm» wird, ausser in den – speziell hervorgehobenen – Zitaten, konsequent durch «gehörlos» ersetzt.

Auch die Gehörloseninstitutionen änderten im Lauf der Zeit ihre Namen. In der vorliegenden Chronik werden nur die heute geltenden Namen von Gehörlosenorganisationen gebraucht. Dieses Vorgehen ist zwar historisch nicht ganz präzis, ist aber im Interesse einer besseren Lesbarkeit des Textes durchaus vertretbar.

Zürich, 26. Juni 2009
Michael Gebhard

INHALT

Das Gehörlosenpfarramt nimmt Gestalt an   88

Ein gehörloser Pionier bringt ein Problem zur
Sprache   88

Der Kanton Zürich braucht ein
Gehörlosenpfarramt!   90

Von den Gehörlosen und dem Gehörlosenpfarramt   94

Ein Wunschzettel für die Wahl
eines Gehörlosenpfarrers ...   94

... und was die Gehörlosenpfarrer zu leisten hatten   95

Die Gehörlosen als Klientinnen und Klienten   106

Die Gehörlosen als Mitarbeitende   115

**Das Gehörlosenpfarramt und die sozialen
Herausforderungen**   120

Der Sport, die Gehörlosen und das
Gehörlosenpfarramt   120

Zentralisierung der Aktivitäten in der Stadt Zürich?   124

Der Gehörlosenpfarrer als Arbeitsvermittler   130

**Das Gehörlosenpfarramt als ein
kirchlicher Spezialfall**   140

Die landeskirchlichen Aufgaben des
Gehörlosenpfarramts   140

Der Mimenchor: eine Erfolgsgeschichte   155

Eigene Amtsräume und Arbeitsgeräte   161

Vom Wirtshaus zur Gehörlosenkirche im
Gehörlosenzentrum   165

Ökumene   167

Chronologie Gehörlosenpfarramt   176

Amtszeiten der Gehörlosenpfarrer   182

Quellen und Literaturverzeichnis   183

DAS GEHÖRLOSENPFARRAMT NIMMT
GESTALT AN

Ein gehörloser Pionier bringt ein Problem zur Sprache

Im Jahr 1900 erschien unter dem Titel «Verlassene. Ein Desiderium an die Kirche» eine Kampfschrift des gehörlosen Eugen Sutermeister (1862–1931). Er schilderte die schlechte seelsorgliche Versorgung der erwachsenen Gehörlosen und forderte einen gehörlosengerechten Zugang zu Kirche und Seelsorge. Die Forderungen waren nicht neu. Bereits 1895 hatte Sutermeister in seinen Erinnerungen an die Zeit in der Gehörlosenschule Riehen (Das Anstaltsleben eines Taubstummen von ihm selbst erzählt. 1895, 13f.) hervorgehoben, dass Gehörlose von den normalen Gottesdiensten kaum profitierten:

«Um 9 Uhr mussten wir alle hin in die Dorfkirche für eine ganze geschlagene Stunde, wiewohl wir rein nichts von der Predigt verstanden, weil der Pfarrer viel zu weit und zu hoch auf der Kanzel stand und auch zu schnell redete, als dass wir hätten von seinen Lippen absehen können, dann war es uns nicht angenehm, den Blicken der allezeit neugierigen und spottlustigen Dorfjugend,

Der gehörlose Eugen Sutermeister setzte sich intensiv für die Seelsorge von Gehörlosen ein. Unterstützung erhielt er im Kanton Zürich von Gotthilf Kull, dem Direktor der damaligen «Blinden- und Taubstummenanstalt» Zürich. (Quelle: Sonos-Archiv, Riehen)

welche uns wohl als absonderliche Wesen betrachtete, ausgesetzt zu sein. [... W]ir hatten Musse genug, die zahllosen Schnitzerein, Kunsterzeugnisse unandächtiger Dorfbuben, an den mannshohen Holzlehnen der Kirchenbänke zu bewundern und zu studieren. [...] Später hatte man Mitleid mit uns und sah ein, dass es eigentlich wenig Sinn hatte, eine Schar Nichthörender in die Kirche zu treiben zum Langweilen, und wir bekamen fortan unsere eigenen Bibelstunden nach der Mittagsmahlzeit, jede Klasse ihre besondere.» (zit. nach Sutermeister, Anstaltsleben, 13f.)

Als Kinder mochten die Gehörlosen ihre eigenen Bibelstunden erhalten. Die erwachsenen Gehörlosen blieben aber faktisch vom sozialen und geistigen Erlebnis des Kirchenbesuchs ausgeschlossen:

«Auf sich allein gestellt, unerfahren in Welt und Leben, wie er aus dem Institut kommt, ohne äusseren und inneren Antrieb zur weiteren Selbstbildung, von den gewöhnlichen Vereinen mit ihren mancherlei Bildungsmomenten ausgeschlossen, ohne jede specielle seelsorgerliche Fürsorge wird ein solcher geistig und seelisch vernachlässigter Taubstummer nur noch zum – Arbeitstier werden! Man sehe sich nur genauer auf dem Lande um und man wird genug solcher Existenzen finden; man gehe auch in Armenanstalten, wo Taubstumme in verhältnismässig frühem Alter hinkommen, mit denen die Angehörigen oder die Gemeinde nichts mehr anzufangen gewusst haben, die aber bei etwelcher liebender Fürsorge und persönlicher Hingabe trotz ihrem vielleicht nur scheinbar geringen, nur nicht weiter entwickelten Verstande schliesslich doch ganz gut auf eigenen Füssen hätten stehen können. [...] Auf dem Lande [...] leben die Taubstummen meist isoliert, und sehr selten nimmt sich jemand ihrer an; da ist die Gefahr der allmählichen Verdummung und Vertierung um so grösser.» (zit. nach Sutermeister, Verlassene, 6f.)

Der Aufruf von Sutermeister blieb nicht ungehört. Im Januar 1903 forderete die Schweizerische. Kommission für kirchliche Liebestätigkeit die kantonalen Landeskirchen auf, die Schaffung von Gehörlosenpfarrämtern an die Hand zu nehmen. Der Kirchenrat des Kantons Zürich unterstützte die Idee. Gemeinsam führten die Kommission und der Kirchenrat vom 12. bis 15. Oktober 1903 einen Instruktionskurs für kirchliche Liebestätigkeit durch. Vor rund 60 Personen referierten der Direktor der *damalige Direktor der Gehörlosenschule Zürich*, Gotthilf Kull, und Eugen Sutermeister über die dringende Notwendigkeit einer Gehörlosenseelsorge.

Der Kanton Zürich braucht ein Gehörlosenpfarramt!

Unmittelbar nach dem Instruktionskurs setzte der Kirchenrat eine Zürcherische Kommission für kirchliche Liebestätigkeit ein, die die Pastoration der Gehörlosen in Zuammenarbeit mit der Gehörlosenschule Zürich vorbereiten sollte. Zu diesem Zeitpunkt wusste man noch nicht, wie viele Gehörlose

Wie viele Gehörlose gibt es im Kanton Zürich? Der Kirchenrat des Kantons Zürich beauftragte die Pfarrämter, die Gehörlosen in ihrem Zuständigkeitsgebiet zu zählen: Vorderseite des Aufrufes des Kirchenrates des Kantons Zürich vom 2. März 1904. (Quelle: StAtZH T 44a1, Nr. 1; Fotografie: Fritz Gebhard)

im Kanton Zürich lebten, noch kannte man ihre Religionszugehörigkeit. Deshalb wurde bei den zürcherischen Pfarrern erhoben, wie viele Gehörlose zu ihrer Kirchgemeinde zählten, obwohl Sutermeister bereits im Instruktionskurs für kirchliche Liebestätigkeit eine solche Zählweise als zu mangelhaft zurückgewiesen hatte. – Eine schweizweite Erhebung war wegen Überlastung des eidgenössischen statistischen Amtes in absehbarer Zeit nicht zu erwarten.

Gestützt auf die Ergebnisse stellte der Kirchenrat bei der Kirchensynode den Antrag, die Pastoration der Gehörlosen als dringendes Bedürfnis anzuerkennen. Der Kirchenrat wurde beauftragt, bei den Staatsbehörden einen angemessen Beitrag für die Schaffung eines Gehörlosenpfarramts einzufordern. Diesem Antrag stimmte die Synode am 15. November 1905 zu. Der Kirchenrat setzte daraufhin eine weitere Komission ein. Diese Kommission hatte den Auftrag, die Finanzierung eines Gehörlosenpfarramts sowie die Ausbildung und Besoldung des Gehörlosenpfarrers abzuklären.

Der Direktor der Gehörlosenschule Zürich, Gotthilf Kull, erklärte sich schon 1905 bereit, die Stelle als Gehörlosenpfarrer zu übernehmen. Doch der Kirchenrat entschied sich dafür, ein Gehörlosenpfarramt mit einem ordinierten Geistlichen einzurichten. Bei seinem Antrag an den Regierungsrat vom

8. August 1908 berief sich der Kirchenrat auf die bereits existierenden Pfarrämter an den Kranken- und Pflegeanstalten. Tatsächlich sah das Kirchengesetz von 1902 gemäss § 76 die Schaffung solcher Spezialpfarrämter vor. Der Regierungsrat des Kantons Zürich übernahm die Argumentation des Kirchenrates des Kantons Zürich:

«Wenn der Staat die Fürsorge für die taubstummen Kinder ausdrücklich übernommen habe, und wenn er für leiblich und geistig Kranke Pflegeanstalten unterhalte und Pfarrstellen an denselben errichte, so werde für die Pastoration einer nicht kleinen Zahl von Kantonseinwohnern, die zwar nicht in Anstalten untergebracht seien, aber ihrer Gebrechen wegen vielfach vernachlässigt würden und vereinsamt blieben, einer Berücksichtigung und Aufmunterung deshalb besonders bedürften, ohne Zweifel ebenfalls eine staatliche Unterstützung gewährt werden können. [...] Das Kirchengesetz [von 1902] selber hat diesen Grundsatz ausdrücklich anerkannt durch Errichtung besonderer Pfarrstellen für Insassen von Heil-, Versorgungs- und Strafanstalten. Die Aufzählung in dem massgebenden §76 des erwähnten Gesetzes darf indessen der Natur der Sache nach nicht als eine erschöpfende angesehen werden. [...] Das trifft nun offenbar zu bei den Taubstummen, die zufolge mangelhafter Ausbildung ihrer Sinnesorgane nicht imstande sind, am ordentlichen kirchlichen Leben teilzunehmen, bei denen aber auf besondere Weise die Pastoration doch durchgeführt werden kann.» (zit. nach RRB 169/1909, 28. Jan. 1909)

Der Regierungsrat beschloss am 28. Januar 1909, eine Pfarrstelle für die Gehörlosen des Kantons Zürichs zu errichten, wenn auch vorerst auf sechs Jahre befristet. Zugleich legte er die Modalitäten für die Wahl eines Gehörlosenpfarrers fest. Im Bewerbungsverfahren setzte sich der Zürcher Kandidat, der für den Kanton Zürich zuständige Hilfsprediger Pfarrer Gustav Weber, durch. Am 19. Juni 1909 bestätigte der Regierungsrat die Wahl, sodass Pfarrer Weber seine Tätigkeit am 1. September 1909 aufnehmen konnte.

Die umfangreichen Aufgaben, die der Gehörlosenpfarrer während der Evaluationszeit zu bewältigen hatte, lieferten genügend Argumente, um die Notwendigkeit des Gehörlosenpfarramtes nachzuweisen und seine definitive Weiterführung zu erreichen. Mit der Einsetzung eines Gehörlosenpfarramtes und eines ordinierten Pfarrers als dessen Vorsteher setzte der Kirchenrat des Kantons Zürich zudem für die Schweiz neue Massstäbe: Im Aargau war der Gehörlosenpfarrer im Nebenamt tätig. In Bern absolvierte der kantonale Reiseprediger zwar ein ähnliches Pensum wie sein Zürcher Kollege; er bezog vom Staat jedoch nur ein Honorar sowie Reisespesen. Ausserdem wurde der Zürcher Gehörlosenpfarrer durch die Wahl Mitglied des Ministeriums und damit Staatsbeamter. Nicht ohne Neid stellte Sutermeister deshalb bereits 1910 fest, dass die Zürcher in der Gehörlosenpastoration die lange Zeit führenden Berner überholt hätten.

VON DEN GEHÖRLOSEN UND
DEM GEHÖRLOSENPFARRAMT

Ein Wunschzettel für die Wahl eines
Gehörlosenpfarrers ...

Der Gehörlosenpfarrer hat ein äusserst anspruchsvolles Amt.
Bis heute gibt es keine entsprechende Ausbildung. 1909 standen dem Kirchenrat denn auch kaum Kriterien zur Verfügung, um aus den verschiedenen Kandidaten den passenden
Gehörlosenpfarrer auszuwählen. Es stand lediglich fest, dass
die Gehörlosen ihren Pfarrer gut verstehen mussten.

Weitere Anforderungen an den Gehörlosenpfarrer lassen
sich aus dem Reglement vom 27. März 1909 ableiten: In erster Linie sollte der Gehörlosenpfarrer gute Kenntnisse in der
Gehörlosenpädagogik sowie im Gehörlosenwesen mitbrin-
gen. Unter § 9 schreibt das Reglement den Austausch mit der
Gehörlosenschule sowie die Konfirmation der aus der Schule
austretenden Gehörlosen durch den Gehörlosenpfarrer ausdrücklich vor. Die Konfirmation und der Religionsunterricht
sollten in Absprache mit der Erziehungsdirektion des Kantons
Zürich geleistet werden, die nun die Oberaufsicht über die
1909 verstaatlichte Gehörlosenschule hatte.

Die erwachsenen Gehörlosen musste der Gehörlosenpfarrer in allen Lebenslagen beraten und begleiten. Dies setzte

Wie bewirbt man sich für eine Pfarrstelle, für die es keine Berufsausbildung gibt? Im Bewerbungsschreiben von Gustav Weber heisst es: «Ich wage nicht, mich hiefür zu empfehlen; ich bin mir bewusst, dass ich weder in theologischer noch in gesellschaftlicher Beziehung grosse Gaben in den Dienst der Sache stellen kann.» (Quelle: StAZH T 44a1, Nr. 24; Fotografie: Fritz Gebhard)

gute geographische Kenntnisse des Kantons Zürich voraus, hatte der Gehörlosenpfarrer doch nach Möglichkeit seine Schützlinge unter der Woche zu besuchen (§ 8).

Schliesslich musste sich der Gehörlosenpfarrer für die Beschaffung der Predigtlokale mit den gastgebenden Kirchenpflegen in Verbindung setzen (§ 10). Und nicht zuletzt benötigte er grosses Fingerspitzengefühl im Umgang mit Behörden.

... und was die Gehörlosenpfarrer zu leisten hatten

1909 kamen von den zur Verfügung stehenden Kandidaten nur drei Personen in die engere Wahl. Sie verfügten alle über Erfahrungen mit dem Unterricht bei Gehörlosen. Für den Kandidaten Gustav Weber gab schliesslich der «Zürcher Bonus» den Ausschlag. Erstens hatte er seine Erfahrungen direkt in der Gehörlosenschule erworben, einem der wichtigsten Tätigkeitsgebiete des Gehörlosenpfarrers. Zweitens hatte er als kantonaler Hilfsprediger im Kanton Zürich gearbeitet. Damit besass Weber genau jenes Fachwissen und Netzwerk, das für den Aufbau des neuen Pfarramts nötig war.

Selbst mit diesen Voraussetzungen gestaltete sich die Pastoration der Gehörlosen nicht einfach. Das strenge Amt

Gehörlosenpfarrer Gustav Weber
(1862–1934) prägte den Aufbau
des Gehörlosenpfarramtes in einer
schwierigen Anfangszeit.
(Quelle: 50 Jahre
Taubstummengemeinde, 129)

erforderte sowohl bei Gehörlosenpfarrer Gustav Weber als
auch bei seinem Nachfolger Jakob Stutz einiges an Zuge-
ständnissen. In den Ferien des Gehörlosenpfarrers musste
der Gottesdienst ausfallen. Dementsprechend plante Weber
auch seine Ferien. Am 18. Februar 1910 schrieb er dem Kirchenrat:

«Unterzeichneter erlaubt sich, Ihnen ein Gesuch einzureichen.
Glücklicherweise nicht krank, bin ich doch seit Monaten in einem Zustand der Ermüdung, der sich in dem Symptom teilweiser
Schlaflosigkeit äussert und mich der normalen Arbeitsfähigkeit
beraubt. Nach der bevorstehenden Märzarbeit mit Confirmation
und 5 Abendmahlgottesdiensten, die grosse körperliche Ermüdung bringen werden, dürfte das Bedürfnis einer längeren Aus-
spannung noch gebieterischer auftreten. [...] Da im März an 9
Orten Gottesdienst gehalten werden soll und für den Mai deren
sogar 10 oder 11 vorgesehen sind, dürfte eine Lücke im April
wenig empfunden werden.» (Gustav Weber an den Kirchenrat
des Kantons Zürich, 18.2.1910; StAZH T 44a1, Nr. 50).

Voraussehbare Zwischenfälle vermochten die Gehörlosenpfarrer mit Ferien und geschickten Verschiebungen zu kom-
pensieren. Doch bei Krankheit waren sie machtlos, sodass
auch einmal ein Gottesdienst ausfallen musste oder ein Stell-

vertreter benötigt wurde. Dass die «Verletzungshexe» selbst einem Gehörlosenpfarrer zu schaffen machte, zeigt die folgende Episode:

> «Auf einer Besuchsreise zu Taubstummen im Oberland am 23. Januar zog er sich eine Muskelverstreckung zu beim langen Waten im Schnee. Am 31. wurde dann zwar noch Gottesdienst in Wald gehalten; da aber andere Behandlungen nichts fruchten wollten, verordnete der Arzt Bettruhe [...] Somit mussten die Gottesdienste in [...] Winterthur, Zürich und Uster abgesagt werden.» (Jahresbericht Gehörlosenpfarramt 1926; StAZH Dossier T 44a2, Nr. 20)

Gustav Weber starb im August 1934, wenige Monate vor seiner Pensionierung. Kurzfristig musste nun ein Gehörlosenpfarrer gewählt und eingeführt sowie die Zukunft des Gehörlosenpfarramtes geklärt werden. Trotz dem grossen Zeitdruck ging der Kirchenrat die Wahl des neuen Gehörlosenpfarrers behutsam an. Seine Wahl fiel schliesslich auf den ehemaligen Missionar und Jugendsekretär Jakob Stutz (1875–1970).

Jakob Stutz trat sein neues Amt an, ohne von den Erfahrungen eines Vorgängers profitieren zu können. Jedoch stand ihm die Gehörlosengemeinde zur Seite. Der neue Gehörlosenpfarrer sah sich aber auch vor neue Herausforderungen gestellt. Bereits kurz nach seinem Amtsantritt begann es bei den Gehörlosen der Stadt Zürich zu brodeln. Zusammen mit den hörenden Laien Lehmeier und Diebold hatten Gehörlose eigene Freizeit- und Weiterbildungsangebote ausserhalb der Fachhilfestrukturen aufgebaut. Zudem distanzierte sich die Gruppe um Diebold vom Gehörlosenpfarramt und der Gehörlosenfachhilfe, die sie als bevormundend empfanden. Der als Diebold-Affäre bekannt gewordene Konflikt sollte das Verhältnis der Gehörlosen zu den Fachhilfeorganisationen bis zum Ende der Amtszeit von Gehörlosenpfarrer Stutz belasten. Stutz selber äusserte sich 1935 äusserst kritisch über die Gehörlosenvereine:

> «Es laufen da mancherlei Dinge um, die nicht gut sind und die nicht in die Oeffentlichkeit kommen dürften ohne der ganzen Taubstummensache zu schaden. Die Gehörlosengemeinde der Stadt ist ein Gebilde voll Mängel und Flecken, sie ist zerrissen durch das Vereinswesen. Da ist der Reise- und Touristenklub. Wie das geworden ist, weiss ich noch nicht genau, aber hier sammeln sich die Taubstummen, welche nie oder sehr selten in die Gottesdienste kommen. Sie arbeiten im Geheimen gegen den Pfarrer. Ihre Kirche ist das Wirtshaus, ihre Freude ist das Jassen. Ehebruch und Homosexualität finden da ihr Obdach und doch kann man dem nicht beikommen. [...] Der gesundeste Teil vielleicht ist zusammengeschlossen im ‹Gehörlosenbund›. Das ist ein Unterhaltungsverein, dem es aber, wenigstens als ich kam, an fruchtbarer Unterhaltung fehlte. Das Kartenspiel war fast die Hauptsache.» (Jahresbericht Gehörlosenpfarramt 1935; StAZH T 44a2, Nr. 38)

Die von den Gehörlosen als Bevormundung und Überheblichkeit empfundene Einschätzung der Gehörlosenvereine durch Gehörlosenpfarrer Stutz mochte die Krise noch weiter verschärft haben. Dem Gehörlosenpfarramt standen jedoch erst ab 1935 Amts- und Versammlungsräume zur Verfügung, um die geforderte Weiterbildung für Gehörlose umzusetzen. Vorher hatte der Gehörlosenpfarrer solche Räume oft auf eigene Kosten mieten müssen. Gehörlosenpfarrer Jakob Stutz wollte dennoch die berechtigten Anliegen der Gehörlosen aufgreifen. Bereits im Jahresbericht von 1935 schrieb er:

Keineswegs ein Übergangspfarrer:
Gehörlosenpfarrer Jakob Stutz
(1875–1970) baute verschiedene
neue Dienstleistungen auf,
die heute noch wichtig sind.
(Quelle: 50 Jahre Taubstummenpfarramt, 129)

«Ich habe mich dann dieses Vereines [gemeint ist der Gehörlosenbund der Stadt Zürich und Umgebung] ganz besonders angenommen, bin, um etwas machen zu können, selbst demselben beigetreten. Durch das freundliche Entgegenkommen des Zürcher Fürsorgevereins für Taubstumme konnte ein Vereinslokal im Glockenhof gemietet werden. Hier befinden sich nun Spiele und Bücher und die am Abend frei haben, die vielleicht im ungeheizten Mietzimmer oder im Wirtshaus sitzen müssten, können nun hier ihren Abend verleben. Ein Schmalfilm-Projektionsapparat wurde angeschafft, der nun jeden Monat an einem Abend Filme belehrenden und unterhaltenden Inhalts laufen lässt. Ich selbst halte jeden Monat fortlaufend Vorträge über christliche Lebensführung, die sehr gut besucht werden. Die Taubstummenlehrerin Fräulein Schilling kommt alle 3 Wochen mit einer Mädchengruppe zusammen zur Besprechung wichtiger Lebensfragen. Herr Taubstummenlehrer Kunz gibt den Jünglingen Turnen. Herr Lehrer Petersen führt einen Ablesekurs durch.» (Jahresbericht Gehörlosenpfarramt 1935; StAZH T 44a2, Nr. 38)

Jakob Stutz versuchte, mit den neuen Angeboten für die Gehörlosen der Kritik am Gehörlosenpfarramt die Spitze zu brechen. Er hat sich damit für Verbesserungen eingesetzt, die später direkt seinem Nachfolger Eduard Kolb (1918–2000) zugute kommen sollten: die Anstellung einer Gemeindehelferin zur Entlastung des Gehörlosenpfarrers sowie die Einrichtung von Amtsräumen für die Treffen mit den Gehörlosen. Der massive Ausbau der Dienstleistungen des Gehörlosenpfarramtes unter Eduard Kolb wäre ohne eigene Amtsräume und zusätzliche Mitarbeiter undenkbar gewesen.

Eduard Kolb setzte aber neue Massstäbe, was die Zusammenarbeit mit den Gehörlosen betraf. Durch den Mimenchor und die Ausbildung von Kirchenhelfern bezog er die Gehörlosen aktiv mit ein. Er war es auch, der die fachliche Vernetzung des Gehörlosenpfarramtes vorantrieb. Im Rahmen der Schweizerischen Arbeitsgemeinschaft evangelischer Taubstummenseelsorger (heute Schweizerische ökumenische Gehörlosenseelsorge SOGS) arbeitete er kantonsübergreifend mit anderen Gehörlosenpfarrern zusammen und förderte auch die internationale Zusammenarbeit mit Gehörlosenseelsorgern. So nahm er 1961 im Auftrag der SOGS an der Gründungsversammlung der «Ökumenischen Arbeitsgemeinschaft der Taubstummenpfarrer» in Hannover teil. Weiter wirkte Kolb an der Schaffung einer ökumenisch ausgerichteten Commission on Spiritual Care im World Federation oft the Deaf (WFD, gegründet 1951) mit. Die Ernennung Kolbs zum Ersten Chairman des WFD 1975 stellte schliesslich die Krönung von Kolbs internationaler Netzwerk-Arbeit dar und zeigt, welcher Respekt seiner fachlichen Kompetenz entgegengebracht wurde. Kolb hatte sich nicht nur autodidaktisch weitergebildet, sondern zusätzlich zwei Master-Titel am Gallaudet College in Washington (USA) erworben.

Umsichtig bereitete Kolb auch seinen Rücktritt vor: 1982 sprach er erstmals mit den Kirchenhelfern darüber. Bereits 1983 setzte der Kirchenrat eine Pfarrwahlkommission ein, die sich aus je fünf Hörenden und Gehörlosen zusammensetzte. Pfarrer Kolb hatte bereits bei der Wahl der Gehörlosen für die

Gehörlosenpfarrer Eduard Kolb (1918–2000) bezog die Gehörlosen stärker in die Arbeit des Gehörlosenpfarramtes mit ein. Er förderte die schweizweite und internationale Vernetzung des Gehörlosenpfarramtes und stärkte die ökumenische Zusammenarbeit. (Quelle: Privatarchiv Rolf Ruf)

Pfarrwahlkommission angeregt, auch dem Gehörlosenpfarramt gegenüber kritisch eingestellte Gehörlose zu berücksichtigen. Unter den hörenden Kommissionsmitgliedern befand sich die für das Gehörlosenpfarramt zuständige Kirchenrätin Römer. Sie verzichtete explizit auf ihr Stimmrecht. Damit erhielten die Gehörlosen in der Pfarrwahlkommission die Mehrheit. Die Suche nach einem neuen Gehörlosenpfarrer gestaltete sich aber äusserst schwierig. Der Kirchenrat wählte schliesslich am 11. Januar 1984 VDM Marianne Birnstil, die Favoritin der Gehörlosen.

Marianne Birnstil hatte bereits vor ihrer Wahl während mehrerer Jahre als Gast an den Tagungen der Kirchenhelfer teilgenommen. Obwohl sie während ihrer Ausbildung Praktika in den Pfarrgemeinden der Hörenden absolvierte, blieb sie dem Gehörlosenwesen dennoch verbunden. 1980, nach dem Staatsexamen, hatte sie die Stellvertretung für Eduard Kolb übernommen, als er wegen gesundheitlicher Probleme mehrere Monate ausfiel. Ausserdem war Marianne Birnstil auch an den Sitzungen des Gemeindevorstandes anwesend, als Gast und als Protokollführerin. Am 18. Dezem-

Marianne Birnstil führte
das Gehörlosenpfarramt in
die heutige Zeit:
Ökumenischer Gottesdienst in der
katholischen Stadtkirche Baden,
24. Mai 2009
(Quelle: Katholische
Behindertenseelsorge)

ber 1983 wurde sie durch den Präsidenten des Kirchenrates, Ernst Meili, in der Gehörlosenkirche ordiniert. Eingeladen waren auch viele Gehörlose, die zum Teil zum ersten Mal eine Ordination miterlebten.

Zu Beginn ihrer Arbeit sah sich Marianne Birnstil vor etliche Schwierigkeiten gestellt. Einerseits legte 1984 der langjährige Präsident der Gehörlosengemeinde, Ernst Bühler, wichtiger gehörloser Ansprechpartner sowie hervorragender Kenner des Gehörlosenpfarramtes und des Gehörlosenwesens, sein Amt nieder. Ebenso einschneidend war der Rücktritt von Kirchenrätin Römer, die das «Dossier» Gehörlosenpfarramt mehrere Jahre lang betreut hatte. Kirchenrat Ruedi Reich wurde ihr Nachfolger. Für die Gehörlosengemeinde bedeutete dies eine gewisse Unsicherheit, die sich aber bald legte: In den Jahren, in denen Reich das Gehörlosenpfarramt betreute, sahen die Gehörlosen ihn quasi als «Gehörlosenpfarrer» an.

Im Gehörlosenwesen selbst gab es ebenfalls Veränderungen. Seit den 1970er Jahren traten die Gehörlosen zunehmend selbstbewusster auf. Die Selbsthilfebewegung stellte nun auch politische Forderungen. Insbesondere richtete sich die «politische Selbsthilfebewegung» gegen die als bevormundend empfundenen und ausschliesslich aus Hörenden zusammengesetzten Fachhilfeorganisationen und setzte sich

Markus Huser war ein wichtiger Vertreter der Gehörlosenbewegung der 1970er/1980er Jahre. Er arbeitete auch mit dem Gehörlosenpfarramt zusammen. (Quelle: Privatarchiv Zdrawko Zdrawkow)

für die Selbstbestimmung der Gehörlosen ein. Das Gehörlosenpfarramt war in dieser Beziehung vergleichsweise gut aufgestellt. Bereits 1951 hatte Eduard Kolb damit begonnen, gehörlose Kirchenhelfer auszubilden und ihnen zunehmend Kompetenzen zu übertragen. 1975 war zudem ein Gemeindevorstand gegründet worden, in dem sich Gehörlose wie in einer Kirchenpflege aktiv an der Leitung des Gehörlosenpfarramtes beteiligen konnten. Dies konnte jedoch nicht verhindern, dass es mit den gehörlosen Kirchenhelfern und den gehörlosen Mitgliedern des Gemeindevorstandes zu Spannungen kam. Umso wichtiger wurde es, eine echte Partnerschaft mit den gehörlosen Mitarbeitern und den Institutionen im Gehörlosenwesen zu pflegen.

Ausser für das Recht auf Selbstbestimmung und Selbstvertretung kämpfte die Selbsthilfebewegung der 1970er und 1980er Jahre für die Anerkennung der Gebärdensprache, die als Unterrichtssprache seit den 1850er Jahren aus den Gehörlosenschulen verdrängt worden war. Dass die hörenden Gehörlosenlehrer nahezu geschlossen gegen die Gebärdensprache auftraten, bedeutete ein eigentliches Gebärdensprachverbot. Dennoch liess sich die Gebärdensprache nicht vollständig verbieten; sie lebte im Geheimen unter den gehörlosen Schülerinnen und Schülern weiter.

Die Umwälzungen im Gehörlosenwesen erreichten auch den Mimenchor. 1979 weigerten sich die Spieler, ein religiöses Spiel für den internationalen Gehörlosenkongress in Varna einzuüben: Der Alpenkönig (mit Rolf Ruf, stehend, in der Hauptrolle) erntete am Gehörlosenkongress grossen Erfolg. Bereits nach dem Kongress kehrten die Spieler aber zum religiösen Spiel zurück. (Quelle: Privatarchiv Rolf Ruf)

Zwar hatten (internationale) Gehörlosenorganisationen schon früher für die Aufhebung des Gebärdensprachverbots gekämpft. Doch erst ab Mitte des 20. Jahrhunderts zeigten sich echte Fortschritte: 1951 wurde die internationale Organisation World Federation of the Deafs (WFD) gegründet. Der WFD verpflichtete sich in seinem Programm, die Gebärdensprache zu fördern. In den 1960er Jahren wurde dann erstmals nachgewiesen, dass die Gebärdensprache eine eigenständige Sprache ist und die Gehörlosen damit eine eigenständige Kultur haben. Nun ging es Schlag auf Schlag: Besuche von Gehörlosen und Hörenden am Gallaudet College, der Universität der Gehörlosen in Washington, brachten neue Impulse in die Schweiz. Am Gallaudet bestand eine lange Tradition, in Gebärdensprache zu unterrichten. 1983 wurde mit dem heutigen Verein zur Unterstützung der Gebärdensprache der Gehörlosen (Vugs) in Basel eine Organisation gegründet, die sich für die Erforschung der Gebärdensprache mit Gehörlosen einsetzte. 1984 brach die Zürcher Gehörlosenschule ein grosses Tabu, indem sie mit dem LBG-Projekt (lautbegleitende Gebärden) «Gebärden» zur Unterstützung der lautsprachlichen Kommunikation zuliess. 1985 wurden erstmals Gebärdensprachkurse angeboten.

Das Gehörlosenpfarramt beteiligte sich an dieser Entwicklung. Bereits in den 1950er Jahren hatte Eduard Kolb versucht, seine Gottesdienste mit unterstützenden Gebärden und dem Mimenchor gehörlosenfreundlicher zu gestalten. Und als er 1971 am Gallaudet College studierte, vertrat ihn der amerikanische Pfarrer Daniel Pokorny, Seelsorger am Gallaudet, der den schweizerischen Gehörlosen die «amerikanische Zeichensprache» näherbringen wollte. Dies gelang ihm, wenn auch viele gehörlose Kirchenhelfer gegen die Gebärden protestierten.

Obwohl sich Eduard Kolb so intensiv für den Einsatz von Gebärden im Gehörlosengottesdienst eingesetzt hatte, drohte das Gehörlosenpfarramt am Ende seiner Amtszeit den Anschluss zu verlieren. Noch 1982 mussten gehörlose Delegierte ohne Unterstützung an Sitzungen der grösstenteils mit Hörenden besetzten Aufsichtskommission teilnehmen. In der Aufsichtskommission wurde beinahe nur Mundart gesprochen und kaum auf Gehörlose Rücksicht genommen. Es gab deswegen immer wieder Austritte von frustrierten gehörlosen Delegierten. Es blieb Pfarrerin Marianne Birnstil vorbehalten, Gehörlosendolmetscher bei Sitzungen mit Gehörlosen einzuführen und die Gebärden im Gottesdienst zu verankern.

Die Gehörlosen als Klientinnen und Klienten

Die Bedeutung des Gehörlosengottesdienstes für die Gehörlosen

Trotz den Spannungen und Differenzen zwischen den Gehörlosenvereinen und dem Gehörlosenpfarramt erfreuten sich die Gehörlosengottesdienste einer grossen Beliebtheit. Die Gehörlosen betrachteten das Gehörlosenpfarramt als eine besondere Wertschätzung, die ihnen von der Gesellschaft entgegengebracht wurde. So heisst es im Jahresbericht des Gehörlosenpfarramtes von 1937:

> «Die Taubstummen sind meist keine vermöglichen Leute. Bei den Gottesdiensten wird aber immer ein Opfer erhoben und zwar mit dem Klingelbeutel von Mann zu Mann. Sie halten fest an dieser Art des Einsammelns. Ein Aeltester des Bezirks versieht gewöhnlich den Sammlerdienst. Wehe dem, der sich etwa vom Geben drücken will. Er bekommt gleich eine nette Mahnung zu hören: Du musst weniger rauchen, oder weniger Bier trinken etc. So kommt im Laufe des Jahres immer ein nettes Sümmchen zusammen. [...] Wenn der Kirchenrat ein Opfer bestimmt, so beteiligen sich die Taubstummen gewöhnl[i]ch daran, und wenn es gar zu klein herauskommt, wird es etwas aufgerundet. Grössere Gaben werden dem Taubstummenheim in Turbenthal, dem Hirzelheim in Regensberg und der Mission zugehalten. Der Rest kommt dann auf Konto Fürsorgegelder zur freien Verwendung. Aus diesem Konto werden nun die Reiseentschädigungen für arme Gottesdienstbesucher bezahlt und dort, wo eben Not ist, eine Unterstützung gewährt.» (Jahresbericht Gehörlosenpfarramt 1937; StAZH T 44a2, Nr. 41)

Es war den Gehörlosen wichtig, ihre Dankbarkeit gegenüber den «Spendern», der Gesellschaft, auszudrücken und die Sache der Gehörlosen zu unterstützen. Es ist deshalb nicht verwunderlich, dass 1910 der Zürcher Verband für kirchliche Liebestätigkeit (ZVfkL) bei den Kollekten berücksichtigt wurde. Dieser Verband war bis zur vollen Übernahme der Kosten durch Regierungs- und Kirchenrat für einen Teil der Reisespesen und der Besoldung des Gehörlosenpfarrers aufgekommen. Zudem übernahm der ZVfkL für mittellose Gehörlose die Abonnementskosten der Gehörlosenzeitung. Eine Wertschätzung bedeutete es für die Gehörlosen auch, dass man sich um sie kümmerte und ihre Bedürfnisse anerkannte. Nicht immer wurde der Besuch des Gehörlosenpfarrers als Eingriff in die Privatsphäre, sondern oft auch als erwünschtes Interesse an der eigenen Person empfunden. Jakob Weber schreibt im Jahresbericht von 1911:

> «In der Mehrzahl der Fälle war der Besuch des Pfarrers willkommen. Bei Gottesdiensten muss er etwa Vorwürfe hören: er habe den A und den B schon besucht, aber ihn, den C noch nicht! wobei er sich zu rechtfertigen suchen muss, dass Besuche, wo nicht bestimmte Geschäfte zu erledigen sind, nur so viele gemacht werden können, als andere Arbeit Zeit dazu lässt. – Daneben hat es auch Fälle gegeben, wo der Pfarrer verwundert empfangen wurde, wo ihm ohne Worte gesagt wurde: man habe doch kein Geschäft mit ihm.» (Jahresbericht Gehörlosenpfarramt 1911; StAZH T 44a1, Nr. 64)

Die Gehörlosen hatten nicht nur eine emotionale Beziehung zum Gehörlosenpfarrer, sondern verstanden sich als kantonale Gemeinde. Mit der Konfirmation trat man in diese Gemeinschaft der Gehörlosengemeinde ein. Die Konfirmation hatte auch bei den Hörenden einen hohen Stellenwert, da sie an einem wichtigen Lebensabschnitt steht. Noch stärker trifft dies für die Gehörlosen zu. Bis in die 1960er Jahre endete die Schulpflicht mit der Konfirmation. Sie markierte damit auch

Enger Zusammenhalt: Die Gottesdienste hatten für die Gehörlosen
eine wichtige soziale Bedeutung: Gottesdienstbesucher um 1910.
(Quelle: 50 Jahre Taubstummengemeinde, 144.)

den schwierigen und mit Diskriminierungen verbundenen
Eintritt in das Berufsleben und die schwierige Integration
bei den Hörenden. Die Konfirmation ist auch jenes Ereignis,
welches die Gehörlosengemeinde in ihrem eigentlichen Sinn
zusammenbringt. Pfarrer Stutz spricht im Jahresbericht 1938
von 100 bis 200 Besuchern. Freunde, Bekannte und Fami-
lienmitglieder. Hörende und Gehörlose versammeln sich,
um gemeinsam den besonderen Tag der Konfirmanden zu
feiern. Es erstaunt nicht, dass Pfarrer Weber bereits 1910 die
Konfirmation zur Stärkung der Gehörlosengemeinde aus der
Anstalt in den Gehörlosengottesdienst verlegte.

Wohl dieses Gemeinschaftsgefühls wegen betrachteten
viele Gehörlose den Gehörlosenpfarrer als Verbündeten gegen Amtsstellen oder die öffentlichen Fürsorgestellen. Wenn
er sich auf deren Seite stellte, konnte dies zum Abbruch der
Beziehung zum Gehörlosenpfarrer führen:

«Die drei taubst. Ehepaare in Zürich, die Kinder haben, haben alle Schwierigkeiten mit denselben. Im einen Fall, wo die
Staatsbehörde eingriff und die Kinder in andere Pflege brachte,
sollte der Pfarrer dagegen Hülfe leisten. Da er dafür nicht zu

Mitgründer des Jungfrauenvereins: Pfarrer Bremi von Schwerzenbach (ZH) erteilte gehörlosen jungen Frauen Bibelunterricht. (Quelle: Sonos-Archiv, Riehen)

haben war, ist ihm von diesem Ehepaar die Gefolgschaft gekündigt worden, sehr wahrscheinlich auf Anstiften der hörenden Angehörigen, die in dieser Sache nicht einsichtiger waren als die Taubstummen.» (Jahresbericht Gehörlosenpfarramt 1912; StaZH T 44a2, Nr. 64)

Die Dienstleistungen des Gehörlosenpfarrers wurden geschätzt, genügten aber einigen Gehörlosen nicht. 1914 wurde Pfarrer Weber von gehörlosen jungen Frauen angefragt, ob neben dem monatlichen Gottesdienst in Zürich einmal pro Monat eine Bibelstunde abgehalten werden könne. Weber konnte Pfarrer Bremi von Schwerzenbach dafür gewinnen. Bremi wurde mit drei Franken aus der Kasse des Gehörlosenpfarramtes entschädigt, und seine Barauslagen wurden rückerstattet. 1916 trat er zurück, weil ihn die jungen Frauen nur schlecht verstanden und deshalb mehrheitlich wegblieben. Nachdem die Gehörlosenlehrerinnen Fries und Schmidt – sie lehnten eine Entschädigung für ihre Dienste ab – die Leitung des Jungfrauenvereins übernommen hatten, nahmen wieder mehr Besucherinnen an den Treffen teil.

Wehmütig erinnerte sich Gehörlosenpfarrer Eduard Kolb am Ende seiner Amtszeit, dass die eingeladenen Gehörlosen noch bei Pfarrer Stutz geschlossen bei den Gottesdiensten anwesend gewesen seien. In den 1970er Jahren kam es auch bei den Gehörlosengottesdiensten zu einem Einbruch der Besucherzahlen. An den Kirchenhelfertagungen wurde immer wieder diskutiert, wie die Kirchenhelferschaft sich verjüngen könnte und wie die Jugendlichen für die Gottesdienste zu interessieren seien. Seit Mitte der 1970er Jahre wurden die neuen Angebote geschaffen, die heute noch zu den Kernaufgaben des Gehörlosenpfarramts gehören: Besuchsdienste und Konfirmandenlager sowie ab 1983 die Gemeindeferien und vieles mehr. Bis heute wurde das Konzept beibehalten, weniger Gottesdienste abzuhalten und stattdessen besondere Anlässe durchzuführen.

Die Gehörlosengemeinde profitierte aber gerade auch davon, dass die Gehörlosen sich der Gehörlosengemeinde sehr stark verbunden fühlten und ein Wegzug aus dem Kanton nicht automatisch den Abbruch der Beziehung zur Gehörlosengemeinde bedeutete. Die langjährige Mitarbeit der gehörlosen Kirchenhelfer trug viel dazu bei, dass sich alle Altersgruppen von den Angeboten des Gehörlosenpfarramts angesprochen fühlen.

Zu den Pflichten des Gehörlosenpfarrers gehörte auch der Unterricht an der Gehörlosenschule. Dieser Auftrag hat sich nicht geändert, wohl aber die Schulsituation. Die Einführung einer Sekundarschule in Zürich bedeutete Anpassungen bei den anderen Gehörlosenschulen: Zürich behielt die Sekundarschulen, während in den Gehörlosenschulen St. Gallen, Hohenrain und Riehen Realschulen entstanden. Schüler aus St. Gallen, Hohenrain und Riehen mussten also nach Zürich kommen, wenn sie einen Sekundarschulabschluss machen wollten.

Dadurch veränderte sich die Zusammensetzung in den Konfirmandenklassen. Es gab nun nicht mehr «reine» Zürcher Klassen. Es kam sogar vor, dass eine Konfirmandenklasse nur aus Jugendlichen aus anderen Kantonen bestand. Die Konfirmation selbst fand deshalb nicht mehr ausschliesslich in Zürich, sondern auch an anderen Orten in der Schweiz statt. Die Schüler der Gehörlosenschule Zürich traten so nicht mehr automatisch in die Gehörlosengemeinde über und das «Nachwuchsproblem» verschärfte sich. Für den Gehörlosenpfarrer bedeutete dies zudem, dass er für die Konfirmationen auch in andere Kantone reisen musste.

Der Einfluss des Gehörlosenpfarramtes auf das
Privatleben der Gehörlosen

Zum Auftrag des Gehörlosenpfarrers zählte auch die soziale Betreuung der Gehörlosen. Er schlichtete Arbeitskonflikte zwischen Gehörlosen und ihren hörenden Lehrmeistern oder suchte Arbeitsplätze für erwerbslose Gehörlose. Weiter gehörte es zu seinen Aufgaben, die Gehörlosen vor Ausbeutung zu schützen. Vor allem gehörlose Frauen waren gefährdet, am Arbeitsort sexuell ausgebeutet zu werden. Der Gehörlosenpfarrer setzte sich für eine gerichtliche Ahndung solcher Vergehen ein. Und er sorgte dafür, dass die betroffenen Frauen ihren Arbeitsplatz wechseln konnten. Obwohl diese Massnahme möglichst präventiv vorgenommen wurde, war es nicht immer möglich, die Frauen vor sexueller Ausbeutung zu bewahren.

Zwar stand der Gehörlosenpfarrer auf der Seite des gehörlosen Opfers. Seine Unterstützung berührte aber dennoch die Intimsphäre der gehörlosen Person und konnte als unangenehm empfunden werden. Bereits Gehörlosenpfarrer Weber hatte sich deshalb eine Mitarbeiterin gewünscht, an die er solche Fälle hätte übergeben können. Erst für Pfarrer Stutz erfüllte sich dieser Wunsch, als das Gehörlosenpfarramt 1939 mit Martha Muggli eine Fürsorgerin erhielt. Martha Muggli, die sich in ihrer Diplomarbeit mit den «Lebensschwierigkeiten weiblicher Gehörloser nach Entlassung aus der Taubstummenanstalt» (1939) auseinandergesetzt und entsprechende Massnahmen vorgeschlagen hatte, baute die frauenspezifische Betreuung stark aus. Mit dem 1914 gegründeten Jungfrauenverein stand ihr eine ideale Plattform zur Verfügung, um diese Themen anzusprechen. 1940 wurde Marta Muggli vom Zürcher Fürsorgeverein für Gehörlose als Fürsorgerin für die spätere Beratungsstelle angestellt. Von dort aus arbeitete sie weiterhin intensiv mit dem Gehörlosenpfarramt zusammen.

Die Gehörlosenpfarrer sahen sich mit ähnlichen Problemen konfrontiert, sobald zwei Gehörlose heiraten wollten. Zwar führten sie selbst kaum Trauungen durch, wie Gehörlosenpfarrer Stutz im Jahresbericht 1937 schrieb:

«Hochzeiten waren verschiedene unter den Taubstummen, aber in keinem Falle wurde der Taubstummenpfarrer zugezogen. Es liegt da ein Uebelstand vor, dem vom Kirchenrate aus vielleicht gewehrt werden könnte. [...] In den meisten Fällen sind ja Er und Sie gehörlos und die Teilnehmer an solchen Hochzeiten sind zumeist gehörlose Schicksalsgenossen. Der Taubstummenpfarrer wäre meist auch richtig im Bilde um diesen Leutchen ein passendes Wort auf den Weg zu geben in der Form, die sie verstehen. Die Herren Kollegen, die solche Trauungen annehmen, scheinen das oft zu wenig zu bedenken. Ich selber stehe in den meisten Fällen vor fertigen Tatsachen. Sehr oft weiss ich nicht einmal etwas von solcher Trauung, oder ich erfahre es im letzten Moment auf dem Zivilstandsamt, wo ich als Dolmetscher vorgeladen werde.» (Jahresbericht Gehörlosenpfarramt 1937; StAZH T 44a2, Nr. 41)

Die Gehörlosenpfarrer Weber und Stutz standen der Ehe von Gehörlosen kritisch gegenüber. Dennoch konnten sie heiraten: Verlobungskarte des späteren Kirchenhelfers Otto Gygax und der Liseli Stalder von 1919. (Quelle. Sonos-Archiv, Riehen)

Die Gehörlosenpfarrer Weber und Stutz standen der Ehe von Gehörlosen eher skeptisch gegenüber. So äusserte sich Stutz 1936 im Jahresbericht zuhanden des Kirchenrats mit drastischen Worten:

«Für das taubstumme Ehepaar wäre es besser gewesen keine Kinder zu haben, Der Mann ist oft arbeitslos und die Frau, auch taubstumm, versteht es zu wenig Kinder zu erziehen und gross zu bringen, Wäre nicht das Jugendamt eingeschritten und hätte die beiden Kinder dieses Ehepaars zeitweilig anderswo versorgt, sie wären kaum mehr am Leben. [...] Dem Taubstummenpfarrer, der beständig mit diesen Schwierigkeiten in Berührung ist, wird es nicht zu verargen sein, wenn er für die Sterilisation nach deutschem Muster allerlei Verständnis hat.» (Jahresbericht Gehörlosenpfarramt 1936; StAZH T 44a2, Nr. 39)

Eugenisches Gedankengut war in den 1930er Jahren auch in der Schweiz stark verbreitet, und Rassenhygienik wurde intensiv diskutiert. Noch 1955 schrieb das Reglement des Gehörlosenpfarramts unter § 12 die Zusammenarbeit mit Erbforschern vor. Das Gehörlosenpfarramt wie auch andere

Institutionen der Gehörlosenfachhilfe waren in das Behindertenwesen eingebunden und spürten den Druck, den die Vertreter der Eugenik auf das Behindertenwesen ausübten. Das Gehörlosenpfarramt unterstützte beispielsweise verschiedene Arbeiten mit eugenischen Tendenzen.

Wenn man mit gehörlosen Mitarbeitern gleichberechtigt zusammenarbeiten will, muss man ihnen auch das Recht auf die Gründung einer Familie zugestehen. Mit dieser Forderung taten sich die Gehörlosenpfarrer schwer. Als Eduard Kolb Gehörlosenpfarrer war, war die Zusammenarbeit mit Erbforschern zwar noch vorgeschrieben, doch setzte ein Umdenken bereits ein.

Am radikalsten zeigte sich dieser Wandel im Protokoll der III. Konfirmandentagung in Stels 1969. Das Thema hiess «Sie und Er – Problem». Kolb sprach an dieser Tagung nicht nur ausführlich über die körperlichen und seelischen Auswirkungen der Pubertät. Was früher noch als typisch «taubstummisch» gegolten habe, betrachtete er nun als Phänomene der pubertären Reifezeit.

Kolb gestand den jungen Gehörlosen nicht nur das Recht auf einen Freund oder eine Freundin zu. Er wies auch darauf hin, dass sich junge Männer und Frauen nicht gleich an den ersten Partner binden sollten. Kolb ermahnte die Jugendlichen aber auch, sich intensiv mit ihrer Verantwortung auseinanderzusetzen, auch hinsichtlich des Umgangs mit ihrer Sexualität. Er wollte jugendlichen Paaren eine sexuelle Beziehung zwar nicht gerade erlauben. Ein generelles «Sex-Verbot» mochte er aber auch nicht aussprechen, da die Entscheidung in die Selbstverantwortung junger Paare gehöre.

Im Verlaufe der Zeit veränderte sich zudem die Einstellung zu gehörlosen Eltern. Bemerkenswert in dieser Hinsicht ist der Jahresbericht des gehörlosen Präsidenten der Kirchenhelferschaft aus dem Jahre 1983, der die Taufe der Tochter eines Kirchenhelfers erwähnt. Die Kinder von gehörlosen Eltern galten nun als ein wichtiger Teil der Gehörlosengemeinde. Dies zeigt sich auch daran, dass an den Kirchenhelferversammlungen regelmässig die Partner der Kirchenhelferinnen und Kirchenhelfer und ihre Kindern teilnehmen – und auf der Teilnehmerliste aufgeführt werden.

Die Gehörlosen als Mitarbeitende

Am 17. Juni 1951 setzte Pfarrer Eduard Kolb die ersten gehörlosen Kirchenhelfer feierlich in einem Gottesdienst in ihr Amt ein. Die Kirchenhelfer unterstützten den Gehörlosenpfarrer beim Gottesdienst und entlasteten ihn in ihrem Bezirk. Sie besuchten unter anderem Kranke oder säumige Gottesdienstbesucher. Kolb diskutierte zudem mit den Kirchenhelfern verschiedene Fragen, die die Gehörlosengemeinde betrafen. Die Kirchenhelfer beanspruchten das Recht, den Gehörlosenpfarrer zu kritisieren. Sie wehrten sich beispielsweise gegen den Vorwurf, nur «die Schuhputzer des Gehörlosenpfarrers» zu sein. Sie sahen ihren Einsatz als wichtigen Beitrag dazu, die heterogene und regional verstreute Gehörlosengemeinde zusammenzuhalten.

Der Gedanke, Gehörlose in die Arbeit des Gehörlosenpfarrers mit einzubeziehen, war aber wesentlich älter. Bereits als Gustav Weber Gehörlosenpfarrer war, gab es in der Stadt Zürich – nicht aber auf der Landschaft – eine von den Gehörlosen gewählte Gemeindevertretung, die sich zwei- bis viermal pro Jahr traf. Bei der Wahl von Jakob Stutz durch den Kirchenrat des Kantons Zürich wurde die Gemeindevertretung der Stadt Zürich nachweislich konsultiert. Die zürcherische Gemeindevertretung hatte ähnliche Aufgaben

Ein neues Selbstbewusstsein: Die gehörlosen Kirchgemeindehelfer verstanden sich als Bindeglied zwischen dem Gehörlosenpfarrer und der Gehörlosengemeinde: Teilenehmer der Kirchgemeindehelfertagung von 1954 in Turbenthal. (Quelle: Privatarchiv Gottfried Ringli)

zu bewältigen, wie Kolb sie den Kirchenhelfern ab 1951 übertrug.

Als gewichtigsten Vorteil betrachtete Kolb die Tatsache, dass die gehörlosen Kirchenhelfer mit ihren Ermahnungen oft bessere Ergebnisse erzielten als der Pfarrer selbst. Die starke Verankerung der Gehörlosen in den Gehörlosenvereinen betrachtete er hingegen als einen wesentlichen Nachteil:

«Die Schulung und Ausbildung der gehörlosen Kirchenhelfer, der ich auch dieses Jahr wieder grosse Aufmerksamkeit schenke, ist eine mühsame, harte Arbeit. Die meisten Kirchenhelfer sind ältere verheiratete Taubstumme. Sie haben ganz verschiedene Vorbildung und ein verschieden waches religiöses Interesse. Sie stehen alle mitten im praktischen Leben, oder aber haben dieses zum grössten Teil schon hinter sich. Viele von ihnen sind noch in Vereinen der Taubstummen als Vorstandsmitglieder tätig. Ihre Tätigkeit als Kirchenhelfer bildet also nur einen kleinen, oft nebensächlichen Teil ihres Lebens und viele sind nicht gerade begierig, Neues zu lernen und sich im kirchlichen Leben umzustellen. [...] Besonders schlimm ist es mit der Zivilcourage bestellt: Wenn

August Reichart (1862–1913, einer der ersten gehörlosen Kirchengemeinde-
helfer (in der hinteren Gruppe stehend), mit seiner Gemahlin.
(Quelle: Sonos-Archiv, Riehen)

wir an einer Kirchenhelferversammlung ein Thema besprechen
und einen Beschluss fassen, vertreten die gleichen Kirchenhelfer
vor einem anders eingestellten Forum (z. B. im schweizerischen
Taubstummenrat oder im Sportverein) die dort populäre Meinung – es sind von den 30 Kirchenhelfern nur zwei oder drei, auf
die ich mich in dieser Beziehung verlassen kann! […] Die Arbeit
mit den Kirchenhelfern kann wohl erst wirklich fruchtbar werden,
wenn die jüngere Generation auch bei den Kirchenhelfern ihren
Platz eingenommen hat.» (Jahresbericht Gehörlosenpfarramt
1957; StAZH 5.757, 4f.)

Dieses Zitat zeigt auch das Problem, dass die Gehörlosenvereine, das Gehörlosenpfarramt und auch der Zürcher Fürsorgeverein für Gehörlose ihre gehörlosen Mitarbeitenden
zum Teil aus denselben Kreisen rekrutierten. Da alle Gehörlosenorganisationen die fähigsten Leute als (ehrenamtlich)
Mitarbeitende gewinnen wollten, musste es zu Mehrfach-
vertretungen kommen.

Von 1909 bis 1913 gehörte der gehörlose August Reichart
(1862–1913) der stadtzürcherischen Gemeindevertretung an.

Otto Gygax als Skifahrer. Ein weiteres «Hobby»: Er mischte intensiv im Gehörlosenwesen mit. In zahlreichen Gremien des Gehörlosenwesens, unter anderem auch im Gehörlosenpfarramt, vertrat er die Interessen der Gehörlosen. (Quelle: Sonos-Archiv, Riehen)

Er war einer der Gründer des Gehörlosenvereins «Krankenkasse» und amtete fünfzehn Jahre lang als deren Präsident. Bereits 1906/1907 hatte er versucht, zusammen mit Gehörlosenvereinen ein Schweizerisches Gehörlosenheim zu gründen. Mit diesem Vorhaben scheiterte er. Seine Ideen wurden erst 1921 mit dem «Taubstummenheim für Männer» in Uetendorf (BE) umgesetzt.

Noch stärkeren Einfluss auf das Gehörlosenwesen hatte der Buchbindermeister Otto Gygax (1888–1983). Als er 1951 zum Kirchenhelfer des Bezirks (Stadt) Zürich gewählt wurde, war er bereits seit mindestens dreissig Jahren im Gehörlosenwesen aktiv. Otto Gygax wurde am 12. Januar 1888 geboren und ertaubte als Kleinkind. Nach der Schule machte er eine Ausbildung zum Buchbinder und arbeitete in Langnau (BE) und St. Gallen. Es folgten Lehr- und Wanderjahre in Deutschland und Italien mit Aufenthalten in Berlin und Rom. Otto Gygax liess sich anschliessend in Luzern nieder, wo er sich für Gottesdienste für reformierte Gehörlose einsetzte. 1916 zog er nach Zürich und kaufte 1918 ein eigenes Buchbindergeschäft. Um 1920 wurde er in den Vorstand des Zürcher Fürsorgevereins für Gehörlose, 1926 in den von Eugen Sutermeister initiierten «Taubstummenrat» gewählt; er präsidierte auch die Gehörlosenkrankenkasse. Während der Dieboldsaffäre (vgl. oben, S. 97f.) gehörte Gygax einem Vermittlungsausschuss von Sonos an. 1959 vertrat er die Schweiz am dritten Internationalen Taubstummenkongress in Wiesbaden.

Es überrascht nicht, dass Otto Gygax 1950 von den Gehörlosen zum Kirchenhelfer gewählt wurde. Ebenso wenig erstaunt die Skepsis, mit der Kolb den Verbindungen seiner Kirchenhelfer zu den Gehörlosenvereinen gegenüberstand. Er hoffte, über den Mimenchor unverbrauchte und nicht an die Gehörlosenvereine gebundene Kirchenhelfer heranzuziehen. Diese Hoffnung sollte sich nicht erfüllen. Die Gehörlosen mit ihren Anliegen ernst zu nehmen, bedeutet auch, ihnen bei der Mitwirkung Spielraum zuzugestehen. Dass heute ein guter Umgang zwischen Gehörlosenvereinen und Pfarramt besteht, hat auch damit zu tun, dass diese Meinungsverschiedenheiten zwar heftig diskutiert wurden, die Zusammenarbeit aber im Vordergrund stand.

Letztlich bedeutete die enge Beziehung der gehörlosen Kirchenhelfer zu den anderen Gehörlosenvereinen einen grossen Vorteil. Da viele Kirchenhelfer in den Vorständen von Gehörlosenvereinen mitarbeiteten, konnten sie ein Know-how einbringen, das den Gehörlosenpfarrern nicht zur Verfügung stand und von ihnen als Hörenden vermutlich auch nie vollständig hätte erworben werden können. Insbesondere als die Jugendlichen in den 1970er Jahren dem Gottesdienst zunehmend fernblieben, wurde dieses Wissen der Gehörlosen wichtig: Sie kannten die Situation im Gehörlosenwesen und konnten bei der Entwicklung von neuen Angeboten wichtige Impulse geben.

DAS GEHÖRLOSENPFARRAMT UND
DIE SOZIALEN HERAUSFORDERUNGEN

Der Sport, die Gehörlosen und das
Gehörlosenpfarramt

Der Gehörlosensport spielte im Verhältnis zwischen Gehörlosen und Gehörlosenpfarramt eine wichtige Rolle. Allgemeine Vorurteile gegenüber den Gehörlosenvereinen vermischten sich mit den Vorurteilen, die den neu entstehenden Sportvereinen der Hörenden entgegengebracht wurden.

Sportveranstaltungen und neue Vergnügungsmöglichkeiten krempelten das Unterhaltungsangebot der Stadt Zürich stark um. Das Angebot der Kinos und ab den 1920er Jahren der Dancings wurden so rege genutzt, dass die Regierung restriktive Regelungen zur Eindämmung der «Festseuche» erliess. Der damals neue Fussballsport trat in Konkurrenz zum patriotisch-konservativen Turnen; neu entstehende Turnhallen in und um Zürich boten Raum für sportliche Aktivitäten. Während der Sport einerseits als taugliches Mittel für die Steigerung der Wehrkraft galt, stiess andererseits der Leistungssport auf Kritik. Kritisiert wurden nicht nur die sonntäglichen Trainings, sondern auch die Auswüchse der «Vereinsmeierei».

GSVZ gegen GSC Bern in Lyss, 1924. – Obwohl im GSVZ viele Sportarten aus-
geübt werden können, ist das Fussballspiel bis heute eine der wichtigsten
geblieben. (Quelle: Sonos Archiv in Riehen)

Eine ähnliche Entwicklung lässt sich auch im Gehörlosenwesen feststellen. 1916 wurde der heutige Gehörlosen Sport Verein Zürich als «Taubstummenfussballklub»
gegründet, der 1924 mit den drei damals bestehenden
Gehörlosenvereinen in Zürich (Krankenkasse, Reiseklub
Frohsinn, Taubstummenbund) zum Gehörlosen Sport Verein Zürich (GSVZ) fusionierte. Welche Sportarten neben
Fussball angeboten wurden, lässt sich nicht mehr eruieren.
Vermutlich aber wurde vor allem das Turnen gefördert,
sodass die beiden grossen schweizerischen Sportbewegun-
gen im GSVZ etabliert waren. Beim militärisch geprägten
Turnen wurde Wert auf sauberes und formelles Auftreten
gelegt. Erst in den 1950er Jahren wurde der sogenannte
Drill zunehmend gelockert, hatte bei der Bewertung jedoch immer noch grosse Bedeutung. Das galt auch bei
den Gehörlosen: An einem Dreiländerwettkampf in Turin
zeigte sich der Präsident des Schweizerischen Gehörlosen-
sportverbandes, Heinrich Schaufelberger, erfreut über das
schneidige Auftreten der Schweizer Turner:

«Pünktlich um 9 Uhr erschienen die Wettkämpfer in vorbildlicher Marschordnung, voran die Franzosen in blauen Trainingsanzügen mit dem Trikolore auf der Brust, gefolgt von unseren braven Turnern in blendendem Weiss mit dem Schweizerwappen auf der Brust, sichtlich stolz marschierent [sic!] & den Italienern in azurblauen Anzügen. Der ganze Aufzug bot dem Auge ein entzückendes Bild. Stramm marschierte die Formation dem Saal entlang, machte in der Mitte des Saales angekommen eine saubere Rechtsschwenkung, nach ein paar weiteren Schritten Halt, eins, zwei, Ruhen! [...] Frenetischer Applaus empfing sie. Nochmals Achtungsstellung und Abtreten.» (Heinrich Schaufelberger, in: Clubnachrichten Nr. 3., 1. Jg, Sept. 1959, über den Dreiländerwettkampf in Turin)

Der GSVZ sah sich vor ein Dilemma gestellt. Einerseits brauchte er sportliche Erfolge, um seine Existenz zu rechtfertigen. Ein Bundesbeitrag für die Teilnahme an den Deaflympics in Nürnberg (1931) für die gehörlosen Sportler aus der Schweiz wurde wegen mangelnder Erfolgsaussichten verweigert. Die geforderten Erfolge konnten jedoch nur mit Trainings an Sonntagen erkauft werden. Dadurch verpassten GSVZ-Olympioniken den Gottesdienst und entzogen sich ein Stück weit der sozialen und moralischen Kontrolle des Gehörlosenpfarramts.

Die Kritik des Gehörlosenpfarrers galt nicht nur dem sonntäglichen Training. Vielmehr prallten verschiedene Vorstellungen darüber aufeinander, wie ein Verein sittlich und geordnet geführt werde. Mit ähnlicher Kritik hatten sich auch die übrigen Zürcher Gehörlosenvereine auseinanderzusetzen. Letztlich ging es jedoch auch um die Frage, ob die Gehörlosen eine seriöse Vereinsarbeit nur in Zusammenarbeit mit «verantwortungsvollen» Hörenden aufbauen konnten. Der Konflikt zwischen dem Gehörlosenpfarramt und dem GSVZ schwelte lange. Als 1957 der Präsident des GSVZ schwere Vorwürfe gegen den Verein erhob, entschloss sich die Vereinsleitung nach langen Vermittlungsversuchen zu einer Ehrverletzungsklage. In einem Schlichtungsverfahren gelang es nachzuweisen, dass die Vorwürfe gegen den GSVZ aus der Luft gegriffen waren.

Im November 1960 schlug der Vorstand des GSVZ an der Quartalsversammlung vor, den Konflikt mit dem Gehörlosenpfarramt zu beenden, und rief dazu auf, die Weihnachtsfeier des Gehörlosenpfarramts recht zahlreich zu besuchen. Die Clubnachrichten berichteten betont positiv über die Weihnachtsfeier. 1965 fand der Konflikt seinen Abschluss, als Kolb, der aus Protest gegen die die Ehrverletzungsklage ausgetreten war, wieder in den GSVZ eintrat.

Wie weit der Ausgang der Ehrverletzungsklage das Verhältnis des GSVZ zum Gehörlosenpfarramt änderte, lässt sich den Quellen nicht entnehmen. Sowohl Kolb als auch die Mitglieder des GSVZ hatten aber ein Interesse daran, auf gleicher Augenhöhe miteinander zu kommunizieren, da Vorstandsmitglieder des GSVZ als Kirchenhelfer tätig waren oder im Mimenchor mitwirkten. Diese Mediatoren dürften eine tragende Rolle bei der Beilegung des Konflikts gespielt haben. Indem Gehörlose diese wichtige Aufgabe wahrnahmen, konnten sie den Emanzipationprozess der Gehörlosen sowohl beim GSVZ wie auch beim Gehörlosenpfarramt vorantreiben.

Seit den 1970er Jahren bestand sogar ein fast herzliches Verhältnis zwischen dem Gehörlosenpfarramt und dem GSVZ. Verschiedene Angebote wurden zusammen mit dem dem GSVZ geplant und durchgeführt; insbesondere die alljährliche Bergtour vermochte Kirchenhelfer und Mitglieder des GSVZ zusammenzubringen.

Im Gehörlosenpfarramt musste man sich jedoch auch Gedanken darüber machen, wie man sich zu den Gehörlosenvereinen stellen wollte. Es konnte in verschiedene Organisationen Delegierte entsenden, sah sich aber zum Teil dem Vorwurf ausgesetzt, einige Institutionen zu wenig zu berücksichtigen. Ausserdem musste sich der Gemeindevorstand entscheiden, welche Aktionen im Gehörlosenwesen er unterstützen wollte.

Die Idee war eigentlich bestechend: Das Gehörlosenpfarramt sollte möglichst dezentral angelegt werden, um den auf dem Land lebenden Gehörlosen hohe Fahrkosten zu ersparen. Die Predigten in den traditionellen Predigtbezirken sollten dem Pfarrer zudem die Möglichkeit geben, die Gehörlosen im Kanton Zürich kennenzulernen. Dennoch schlich sich bei der Betreuung der Gehörlosen ein Stadt-Land-Gegensatz ein. Da den Stadtzürcher Gehörlosen ein viel umfangreicheres Vergnügungs- und Freizeitangebot zur Verfügung stand als den Gehörlosen auf dem Land, führten sie ein ganz anderes Leben:

> «In den übrigen Gebieten des Kantons [Zürich] liegen die Dinge ganz anders als in der Stadt. [... Die Taubstummen] leben auch meist in Familien. Sie sind da besser geborgen und haben weniger Freiheit. Hier braucht es nichts anderes, es wäre auch nichts anderes möglich als eben diese Gottesdienste. Die ausgezeichnete Einrichtung, dass man nachher eben nicht auseinandergeht, sondern zu einem gemütlichen Kaffe [sic!] zusammenkommt genügt da vollkommen [...].» (Jahresbericht Gehörlosenpfarramt 1935; StaZH T 44a2, Nr. 38)

Zwar versuchten die Gehörlosenpfarrer, dies auszugleichen: Allein für die Besuche bei Gehörlosen auf dem Land wende-

"Siehe ich gebe dir die Schlüssel
des Reiches der Himmel."

10. Kirchenhelfertagung des Taubstummen-
Pfarramtes des Kantons Zürich
in Embrach am 25. Nov. 1956

Die Kirchenhelfer mussten in ihre Arbeit eingeführt werden. An den Kirchenhelfertagungen wurden verschiedene Fragen besprochen. Die entsprechenden Informationen konnten die Kirchenhelfer zum Nachlesen mit nach Hause nehmen: Unterlage für die Kirchenhelfertagung in Rüti (1960). (Quelle: StAZH Z 5.757; Fotografie: Fritz Gebhard)

te z. B. Gustav Weber einen grossen Teil seiner Arbeitszeit auf. Daneben organisierte er Reisen für die auf dem Lande wohnenden Gehörlosen.

«Teils nach Gottesdiensten, teils in Verbindung mit denselben wurden wieder einige Ausflüge gemacht, um in das Leben der Taubstummen, das auf dem Lande meist recht einsam ist, eine erfreuliche Abwechslung zu bringen. [...] So wurde der Auffahrts-gottesdienst für den Bezirk Bülach in die Kirche Eglisau verlegt. [...] Hernach wurde nach Rheinsfelden marschiert und dort das Elektrizitätswerk besichtigt, soweit möglich – Mit den Winterthurern wurde ein Ausflug ins Gyrenbad gemacht. – Am 17/7 wurde der Gottesdienst für die Oberländer Taubstummen auf die Ufenau verlegt und konnte trotz des starken Verkehrs von Sonntagsausflüglern ohne Störung im Freien gehalten werden. – Am 21/8 wurde der Gottesdienst für den Bezirk Affoltern in die protest. Kirche in Zug verlegt, mit nachfolgendem Spaziergang durch das Städtchen [...].» (Jahresbericht Gehörlosenpfarramt 1921; StAZH T 44a2, Nr. 9)

Auch der Einsatz von Kirchenhelfern und die Durchführung der Kirchenhelfertagungen kann als ein Mittel verstanden werden, die Landschaft gegenüber der Stadt Zürich zu stärken. Durch die Kirchenhelfertagungen, die an verschiedenen

Orten stattfanden, wurde der Zusammenhalt zwischen den Gehörlosen in der Stadt Zürich und im Kanton gestärkt. Dennoch liess sich die Zentralisierung der Aktivitäten des Gehörlosenpfarramts nicht vermeiden.

Der «Amtssitz» Gustav Webers, des ersten Zürcher Gehörlosenpfarrers, war seine Wohnung. Hier wickelte er seine Korrespondenz ab und empfing Besucher und Gehörlose. Vor allem die Gehörlosen «schneiten» meist spontan herein und beanspruchten oft viel Zeit. Da sie unangemeldet kamen, verpassten sie gelegentlich den Pfarrer, wie aus dem Jahresbericht 1917 hervorgeht:

> «Audienzen sind 194 notiert worden. Einige derselben und wohl mehrere nicht notierte wurden in Abwesenheit des Berichterstatters von dessen Frau besorgt, die nun auch einen schönen Teil der Tbst. kennt.» (Jahresbericht Gehörlosenpfarramt 1917; StaZH T 44a2, Nr. 2)

Pfarrer Jakob Stutz wohnte zum Zeitpunkt seiner Wahl in Küsnacht (ZH) und wollte seine Wohnung vorerst nicht aufgeben. Im Jahresbericht 1936 hielt er fest:

> «Es zeigte sich aber je länger je mehr, dass ich in Zürich einen Platz haben musste, wo man mich treffen und sprechen kann und von wo aus ich die vielerlei Dinge in der Stadt besorgte. Ich war darum überaus dankbar, dass mir der Kirchenrat es ermöglichte im zentral gelegenen Glockenhof einen Büroraum zu mieten. Die Arbeit bringt es allerdings mit sich, dass ich nicht als Büromensch ständig auf dem Büro sitzen kann um die Sachen so an mich herankommen zu lassen und von hier aus alles zu besorgen. Aber ich bin doch einen grossen Teil der Zeit da, bin auf Abmachungen immer zu sprechen. Um den Taubstummen, die in Arbeit stehen, besonders entgegenzukommen, habe ich die Sprechzeit für sie

auf den Samstag Nachmittag gelegt. Es hat sich das bis jetzt gut bewährt.» (Jahresbericht Gehörlosenpfarramt 1936; StAZH T 44a2, Nr. 39)

Eine Zentralisierung in der Stadt Zürich war allein schon deshalb notwendig, weil hier die Mehrheit der im Kanton Zürich ansässigen Gehörlosen lebte. Die seit Ende des 19. Jahrhunderts zunehmende Ansiedlung von Industriebetrieben, die zentralörtlichen Funktionen und die Eingemeindungen der Aussenquartiere von 1893 und 1934 führten zu einem enormen Anstieg der städtischen Bevölkerung, insbesondere in den Vororten, in denen sich am ehesten noch bezahlbare Wohnungen finden liessen. Unter den zugezogenen Arbeitern befanden sich auch Gehörlose, sodass auch der Gehörlosenpfarrer mit den sozialen Problemen der aufstrebenden Stadt konfrontiert wurde. Im Jahresbericht 1913 schreibt Gehörlosenpfarrer Gustav Weber:

> «Diese Ausserkantonalen und Landsfremden sind gewöhnlich Stellensuchende […]. Einer von ihnen wollte sich mit Frau und Kind und nächstens zu erwartendem Kind stellenlos hier niederlassen; probierte es dann auch noch in Bern, um auch dort heimgewiesen zu werden.» (Jahresbericht Gehörlosenpfarramt 1913; StAZH T 44a1, Nr. 74)

Und im Jahresbericht von 1914 heisst es dann:

> «Ein sehr nummernreiches Traktandum stellte eine aus dem Kt. Luzern zugezogene Taubstummenfamilie dar, die infolge ungenügenden Verdienstes mit der Wohnungsmiete in unhaltbare Lage kam. Nach Verhandlungen auch mit dem örtlichen Hülfsverein endigte dieses Geschäft mit der Heimschaffung der Familie, da sie auch in sittlicher Beziehung zu Klagen Anlass gab.» (Jahresbericht Gehörlosenpfarramt 1914; StAZH, Nr. 77)

Noch im Jahresbericht des Zürcher Fürsorgevereins für Gehörlose von 1944 hält Gehörlosenpfarrer Jakob Stutz fest:

> «Im Kanton Zürich hat es viel mehr Taubstumme, als ich im Anfang glaubte. Es sind lange nicht alles Zücher. Zürich hat eine merkwürdige Anziehungskraft für die Taubstummen anderer Kantone. Hier ist allerlei geselliges Leben für sie. Die Taubstummenhilfe ist hier auch am besten ausgebaut, und es finden sich auch Arbeitsmöglichkeiten für die, welche arbeiten können und wollen. [...] So tauchen immer wieder Neue auf. Manchmal geht es lange, bis man sie wieder einmal zu Gesicht bekommt, um mit ihnen zu reden und ihre Adresse zu notieren. Die Adressenliste erfordert aber ständige Aufmerksamkeit.» (zit. nach Jahresbericht des ZFVG, 1944)

Auch in den 1950er Jahren und zu Beginn der 1960er Jahre wurden fast sämtliche Dienstleistungen für die Gehörlosen in der Stadt erbracht. Sowohl die Beratungsstelle wie der psychiatrischer Dienst für die Gehörlosen befanden sich in Zürich. Auch das Gehörlosenpfarramt nahm für seine Klienten den psychiatrischen Dienst in Anspruch; der Kirchenrat beteiligte sich an den anfallenden Kosten. Der psychiatrische Dienst wurde so lange vorwiegend von den Stadtzürcher Gehörlosen benutzt, bis die Sprechstunden so angesetzt wurden, dass auch die Gehörlosen vom Land ihn nutzen konnten.

Die Eröffnung des Gehörlosenzentrums an der Oerlikonerstrasse 98 im Jahr 1969 führte zu einer noch deutlicheren Konzentration des Gehörlosenwesens. Neben dem Gehörlosenpfarramt zogen der Zürcher Fürsorgeverein, das Lehrlingsheim und die Berufsschule in das Gehörlosenzentrum ein. Ein Klubraum ermöglichte es, dass wenigstens ein kleiner Teil des Gehörlosenzentrums für die Gehörlosen selbst nutzbar wurde.

Der Mimenchor bot den Gehörlosen Gelegenheit, innerhalb des Gehörlosenpfarramts aktiv mitzuwirken: Aufführung der Geschichte der Arche Noah,1989. (Quelle: Privatarchiv Rolf Ruf)

Um diesem grossen städtischen Angebot etwas entgegenzusetzen, genügte das Abhalten von Gottesdiensten in der Stadt allein nicht mehr. Erst seit dem Einzug in den Glockenhof 1935/1936 standen dem Gehörlosenpfarramt eigene Arbeitsräume sowie Räume für die Freizeitgestaltung von Gehörlosen zur Verfügung. Zudem kam Pfarrer Kolb dem Bedürfnis der Gehörlosen nach einer besseren Weiterbildung mit einem Kursangebot entgegen. Der Mimenchor ermöglichte den Gehörlosen ein neues Betätigungsfeld. Die Zentralisierung liess sich bis heute nicht mehr rückgängig machen: Sowohl bei der Fach- wie auch der Selbsthilfe bleibt die Konzentration auf die Stadt Zürich weiterhin stark.

Den Gehörlosen blieb diese Entwicklung natürlich nicht verborgen. Bei den Kirchenhelfern kam gelegentlich der Gedanke auf, sämtliche Gottesdienste in die Städte Zürich und Winterthur zu verlegen. Diese Idee konnte nie verwirklicht werden. Das noch heute geltende Reglement sieht vor, Gottesdienste in verschiedenen Predigtzentren abzuhalten. Dies ist kein Nachteil. Vielmehr boten und bieten Gottesdienste in anderen Gemeinden die Möglichkeit, Erfahrungen zu sammeln und neue Menschen kennenzulernen. Bereits während der Amtszeit von Pfarrer Kolb war diese Zusammenarbeitsmöglichkeit zwischen den Gemeinden der Gehörlosen und der Hörenden ausgebaut worden. Und noch heute stellen die Kirchgemeinden der Hörenden den Gehörlosen ihre Kirchen zur Verfügung: Hörende kommen mit Gehörlosen in Kontakt; die Hörenden erfahren mehr über die Besonderheiten der Gehörlosengemeinde.

Der Gehörlosenpfarrer als Arbeitsvermittler

Zu Beginn des 20. Jahrhunderts gab es kaum Weiterbildungsmöglichkeiten für Gehörlose. Zwar baute der Zürcherische Fürsorgeverein sein Angebot und seine 1940 geschaffene Beratungsstelle laufend aus. Doch erst nach dem Zweiten Weltkrieg konnte die Beratungsstelle jene fachlichen und zeitlichen Ressourcen für die Berufsberatung zur Verfügung stellen, die den Pfarrer wesentlich entlasteten.

Es lässt sich weder aus den Jahresberichten der Gehörlosenpfarrer noch aus denjenigen des Zürcher Fürsorgevereins für Gehörlose genau ermitteln, wie viele Gehörlose tatsächlich auf eine Stellenvermittlung angewiesen waren. Bei den beruflichen Erfolgen und auch bei der sozialen Stellung der Gehörlosen zeigte sich eine grosse Spannbreite. Einige Gehörlose verfügten als Arbeiter über ein gutes Einkommen und waren im Stande, neben ihren Familien auch Angehörige zu unterstützen. Ebenso gab es bei den Gehörlosen eine «Oberschicht» von Selbständigerwerbenden oder Gehörlosen aus gut situiertem Haus.

Der gehörlose Schreiner August Reichart (1863–1913) beispielsweise übernahm das Geschäft seiner Eltern. Einige Jahre später machte sich auch der gehörlose Buchbinder Otto Gygax selbständig (vgl. auch oben, S. 117f.). Einzigartig ist

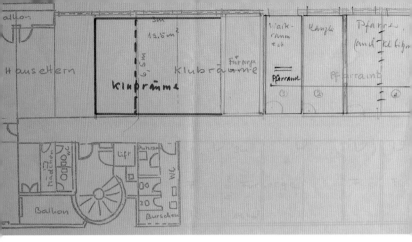

Das Gehörlosenpfarramt und der Zürcher Fürsorgeverein für Gehörlose kümmerten sich lange gemeinsam um die die Gehörlosen. Sie arbeiteten auch sehr lange in den gleichen Räumen: Planungsidee für die gemeinsame Nutzung des Stockwerks an der Oerlikonerstrasse 98 durch den ZFVG und das Gehörlosenpfarramt von Gehörlosenpfarrer Eduard Kolb. (Quelle: StAZH; Fotografie: Fritz Gebhard)

wohl der Lebensweg des gehörlosen Max Bircher (1907–2001). Sein Vater hatte es zu einem grossen Vermögen und mehreren Liegenschaften gebracht. Die Mitarbeit in diesem Grossbetrieb war für Max Bircher spätestens nach dem Tod seines Vaters im Jahr 1936 selbstverständlich. Nach dem Tod seiner Mutter 1962 übernahm er definitiv die Geschäftsführung. Ab 1984 zog sich Max Bircher aus der Liegenschaftsverwaltung zurück und verkaufte die Liegenschaften. Den beträchtlichen Erlös liess er bereits zu Lebzeiten vollumfänglich der späteren Max-Bircher-Stiftung zukommen.

Otto Gygax, August Reichart und Max Bircher standen am oberen Ende der sozialen Leiter. Am andern Ende der sozialen Leiter standen jene Gehörlosen, welche immer wieder um ihren Arbeitsplatz kämpfen oder sich sogar gegen Ausbeutung wehren mussten. Zuerst allein, später in Zusammenarbeit mit dem Zürcher Fürsorgeverein für Gehörlose setzte sich der Gehörlosenpfarrer für die sozial benachteiligten Gehörlosen ein. Wo nötig, begleitete und beriet der

Gehörlosenpfarrer die Gehörlosen und ihre Eltern ab der Konfirmation bei der Suche nach einer Anstellung. Der Gehörlosenpfarrer beschaffte auch das Lehrlingsgeld, wenn die Eltern die Ausbildung ihrer gehörlosen Kinder nicht selbst bezahlen konnten. Schliesslich blieb er Ansprechperson bei sämtlichen Problemen am Arbeitsplatz.

In der Gehörlosenschule und allenfalls danach in einer Lehre wurden die Gehörlosen darauf vorbereitet, ihren Lebensunterhalt selber zu verdienen. Ein häufig angewandtes Mittel zur Behebung der Arbeitslosigkeit der Gehörlosen waren die sogenannten Platzierungen: Gegen Kost und Logis und einen meist bescheidenen Grundlohn – Schulabsolventen wurden auch als Lehrlinge aufgenommen – wurden die Gehörlosen bei einem hörenden Arbeitgeber untergebracht. Fast in jedem Jahresbericht finden sich Schilderungen von Fällen, in denen der Gehörlosenpfarrer Gehörlose vor Ausbeutung schützen musste. Gustav Weber schrieb im Jahresbericht von 1913:

«In 1 Fall musste wieder gegen einen Handwerksmeister vorgegangen werden wegen Ausnutzung einer Lehrtochter. Er wurde dann dazu gebracht, dass er sie noch zur Ablegung der Lehrlingsprüfung befähigte.» (Jahresbericht Gehörlosenpfarramt 1913; StAZH T 44a1, Nr. 74)

Noch schlimmer erging es einen Lehrling im Jahre 1910:

«Misshandlung eines Lehrlings und Schutz vor seiner weiteren Ausbeutung war eine weitere Nummer, die viel zu tun gab, bis den Besorgern die nötige Hülfe geleistet war zur Ahndung durch die Behörden. Die Misshandlung fand ihre Sühne vor dem Friedensrichter, die Ausbeutungsklage ist jetzt nach einem Jahre vom Bezirksgericht Zürich immer noch nicht erledigt, teils wegen Arbeitsüberhäufung dieses Gerichtes, teils infolge Schwierigkeiten

hatte der Pfarrer im Interesse der Töchter gern sich auflösen gesehen,
doch scheiterten seine und des Amtsvormundes Bemühungen an der Schlaff-
heit des Vaters. Die drei taubst.Ehepaare in Zürich, die Kinder haben,
haben alle Schwierigkeiten mit denselben. Im einen Fall, wo die Staatsbehörde eingriff und die Kinder in andere Pflege brachte, sollte der
Pfarrer dagegen Hülfe leisten. Da er dafür nicht zu haben war, ist ihm
von diesem Ehepaar die Gefolgschaft gekündigt worden, sehr wahrscheinlich auf Anstiften der hörenden Angehörigen, die in dieser Sache nicht
einsichtiger waren als die Taubstummen.

Auch für WIRTSCHAFTLICHE HUELFE wurde der Taubstummenpfarrer wieder
stark in Anspruch genommen. Für 2 Konfirmanden, die beide Schreiner
werden wollen, sollten Lehrmeister gefunden werden. Nach vieler Mühe
gelang dies für den einen; der andere musste in einen entfernten Kanton.
— Für ein Mädchen wurde im Schneidergewerbe eine durchaus annehmbare
Stelle gefunden, dann aber von den Angehörigen verschiedener Bedenken
wegen nicht angenommen. — In 8 Fällen wurde erwachsenen Taubstummen Arbeit
verschafft, teils mit wenig, teils mit sehr viel Zeitaufwand. Andere
Fälle wurden mitten in der Behandlung abgeschrieben, weil die Gesuche
zurückgenommen wurden. — Wieder in einer halben Dut

Der Gehörlosenpfarrer wirkte bis in die 1950er Jahre als Arbeitsvermittler für seine gehörlosen Klientinnen und Klienten. Die Arbeit gestaltete sich schwierig. Die Klagen über «widerspenstige Verwandte» oder diskriminierende Arbeitgeber ziehen sich wie ein roter Faden durch die Jahresberichte: Ausschnitt aus dem Jahresbericht von 1913. (Quelle: StAZH T 44a1, Nr. 74; Fotografie: Fritz Gebhard)

mit dem Anwalt.» (Jahresbericht Gehörlosenpfarramt 1910; StAZH T 44a1, Nr. 56)

Die Misshandlungen und die Ausbeutung waren nur ein Problem der Gehörlosen am Arbeitsplatz. Oft waren die Arbeitgeber auch der Ansicht, dass Gehörlose keinen Anspruch auf Lohn hätten. So berichtet Gehörlosenpfarrer Weber 1911:

«Wo es sich nicht um gelernte Berufsarbeiter handelt, stösst [Weber] beim Stellensuchen auf den eigentümlichen Widerspruch, dass in einer Zeit, wo doch alle Arbeiter gehörig bezahlt werden müssen, manche Leute die Meinung haben, sobald es sich um einen Taubstummen handelt, sollte man für die ja allerdings geringeren Leistungen nicht bloss gar nichts bezahlen müssen, sondern noch bares Geld auf die Hand bekommen.» (Jahresbericht Gehörlosenpfarramt 1911; StAZH T 44a1, Nr. 64)

Der Staat betrachtete seine Pflichten mit den Investitionen für die Gehörlosen als erfüllt: Nach dem Abschluss der Gehörlosenschule oder spätestens nach der Lehre sollten sich die

Vor der Gründung der Berufsschule wünschten die Gehörlosen vom Gehörlosenpfarramt Weiterbildungsmöglichkeiten. Ab 1945 wurde diesem Bedürfnis
mit Ferienkursen entsprochen. V. l. n. r.: Teilnehmer eines Ferienkurses des
heutigen Fachhilfeverbandes Sonos in den 1950er Jahren; Ausschnitte aus

Gehörlosen nach Möglichkeit selbst durchbringen. Pfarrer
Weber scheute sich aber nicht, die Auslagen für die Platzie-
rungen bei den staatlichen Behörden zurückzuverlangen. Im
Jahresbericht 1916 hielt er fest:

> «Bei dieser Gelegenheit sei bemerkt, dass der Berichterstatter wo
> möglich die Praxis befolgt, Unterstützungsauslagen für die Tbst.
> sich von den gesetzlichen Unterstützungsinstanzen rückvergüten
> zu lassen, um so an seinem Teil die Behörden daran zu erinnern,
> dass sie die Pflicht haben, sich dieser unglücklichen Menschen-
> kindern anzunehmen, ganz besonders solange nicht nach Mög-
> lichkeit vorgesorgt wird gegen Indieweltsetzung solcher für ihr
> ganzes Leben mehr oder weniger hülfsbedürftiger Geschöpfe.»
> (Jahresbericht Gehörlosenpfarramt von 1916; StAZH T 44a1,
> Nr. 83)

Entsprechend stellte sich der Gehörlosenpfarrer bei kündi-
gungswilligen Gehörlosen oft auf die Seite des Arbeitgerbers
und riet den Gehörlosen auszuharren. Die meisten Gehörlosen wollten ohnehin möglichst wenig auf die Fürsorge angewiesen sein. Vor allem in der Krisenzeit der 1930er Jahre

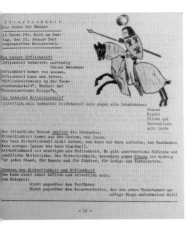
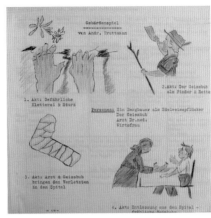

den Unterlagen des Ferienkurses zur Morgenandacht zum Gleichnis vom Sämann und zum Thema Ritterlichkeit sowie aus der Regieanweisung zu einem Mimenspiel. (Quelle: StAZH, Z 5.757; (Fotografie: Fritz Gebhard)

bissen sie die Zähne zusammen, wie zwei Beispiele aus den Jahresberichten 1935 und 1936 des Zürcherischen Fürsorgevereins für Gehörlose belegen:

«Bei dem grossen Arbeitsangebot, wo es immer schwerer wird, Taubstumme unterzubringen, hat man beständig einzelne über Wasser zu halten damit sie nicht verkommen in der Zeit. Am meisten haben sie [die Gehörlosen] Angst, dem Fürsorgeamt zu verfallen und dann an die Armenbehörde abgeschoben und irgendwohin versorgt zu werden. Sie wollen doch arbeiten und selbständig ihr Brot verdienen.» (Jahresbericht ZFVG 1935, 4)

«[...] Die Not muss schon gross sein, bis sie an die Fürsorge gelangen.[Der Schneider E. H.] hat in der Stadt etliche Kunden, denen er die Kleider flickt. Er ist bei einer einfachen Frau zur Miete [...] Wenn er keine Arbeit hat in seinem Beruf, was etwa vorkommt, dann verkauft er Eier für ein Geschäft, wobei er aber sehr wenig verdient. Wenn er [zum Gehörlosenpfarrer] kommt, dann hat er alles aufgeschrieben, was er eingenommen und was er ausgegeben hat und was er bezahlen muss. Aber jetzt fehlt ihm noch ein kleiner Betrag um seinen Verpflichtungen nachzu-

kommen. ‹Wenn der Pfarrer so freundlich wäre, mir da zu helfen›
[...] Und diesem [...] hilft er immer gerne. Es ist unglaublich,
mit welchem Existenzminimum der Mann sein Leben fristet und
doch immer zufrieden und dankbar ist.» (Jahresbericht ZFVG
1936, 3)

Gerade auch weil der Gehörlosenpfarrer die Schwierigkeiten bei der Platzierung kannte, versuchte er die Gehörlosen
möglichst lange im Arbeitsprozess zu behalten. Es war für
ihn ärgerlich, wenn durch die «Schuld» des Gehörlosen oder
von Eltern oder Verwandten eine mühsam eingefädelte Platzierung nicht zustande kam:

> «Wieder ist es vorgekommen, dass die Bemühung des Pfarrers,
> einem nicht unintelligenten Schwerhörigen eine Lehrstelle zu
> verschaffen, am Widerstand der Familie scheiterte, die lieber
> einen Geld einbringenden Handlanger als einen Geld brauchen-
> den Lehrling wollte.» (Jahresbericht Gehörlosenpfarramt 1930;
> StAZH, T 44a2, Nr. 33)

Wie weit die Arbeitsvermittlung der Gehörlosenpfarrer Erfolg hatte, lässt sich schlecht beurteilen, obwohl die Quellen
vollständig vorliegen. Besonders frustrierend war die Situation derjenigen Gehörlosen, die zwar ein Handwerk ausübten, sich mit ihrer Arbeit aber dennoch kein eigenes Auskom-
men sichern konnten:

> «Gerade jetzt beschäftigen den Tbst-Pfarrer einige Fälle, wo für
> minderwertige Arbeiter Arbeitsgelegenheit gesucht werden soll,
> aber sich noch nicht will finden lassen. Auch wenn es geglückt sein
> wird, wird es nicht für lange sein. Dann droht den Betreffenden die
> Gesellschaft der Armenhäusler in Kappel, bzw. der Irrenhäusler in
> Rheinau. Das sind Fälle, die den Wunsch nach einem Taubstum-
> menheim für Männer wieder in den Vordergrund rücken.» (Jah-
> resbericht Gehörlosenpfarramt 1912; StAZH T 44a2, Nr. 68)

1911 öffnete das Hirzelheim für gehörlose Frauen in Regensberg seine Pforten. Die Errichtung dieses Heims war den Gehörlosen ein wichtiges Anliegen. Sie beteiligten sich mit Spenden und Kollekten am Aufbau dieses Heims. (Quelle: Sonos-Archiv, Riehen)

Das Zitat zeigt, dass einige Gehörlose selbst mit der besten Platzierung nicht vollständig in den Arbeitsprozess eingegliedert werden konnten. War dies der Fall, so sollten sie wenigstens in einer ihren Bedürfnissen entsprechenden Anstalt versorgt werden können. Auch die Gehörlosen setzten sich für die Schaffung von Heimen für gehörlose Männer und Frauen ein. Bereits mit der ersten Kollekte, 539.46 Franken, unterstützen sie 1910 die «Taubstummensache». Am Aufbau des Hirzelheims für gehörlose Frauen, das 1911 gegründet wurde, beteiligte sich auch Pfarrer Weber. Die Errichtung des Gehörlosenheims für Männer erlebte er jedoch nicht mehr.

Auch die Sammlung für ein Altersheim für gehörlose Männer nahm viel Zeit in Anspruch. Erst Mitte der 1920er Jahre kam wieder Bewegung in die Sache; der Bau eines Altersheims für gehörlose Männer wird ab diesem Zeitpunkt in den Jahresberichten immer wieder erwähnt. Wie sehr ein Altersheim für Gehörlose einem Bedürfnis entsprach, zeigt die folgende Stelle aus dem Jahresbericht von 1930:

«Nachdem die Bemühungen des Pfarrers in früheren Jahren Fr. 40'000 für den nun bald kommenden Neubau in Turbenthal zusammengebracht, ist er sehr froh, auch den neuen Fond auf dieser Höhe zu sehen. Denn das Heim in Turbenthal wird auch in seiner Erweiterung ein Arbeitsheim für schwachbegabte Taubstumme sein. Der neue Fond aber soll zu einem Heim helfen, das hauptsächlich alten taubstummen Männern eine Heimstätte bieten soll, sodass man in der Ostschweiz nicht genötigt sei, für solche Unterkunft zu suchen im Kanton Bern [in Uetendorfberg] oder in Württemberg, oder sie zu nötigen, sich in die für sie peinliche Gesellschaft [der Irrenanstalt] Rheinau zu finden.» (Jahresbericht Gehörlosenpfarramt 1930; StAZH T 44a2, Nr. 33)

Nach dem Zweiten Weltkrieg stellte sich das Problem «Arbeitsvermittlung» für den Gehörlosenpfarrer nicht mehr so akut, da nun Institutionen aufgebaut wurden, die sich um die Lehrlingsausbildung und die Arbeitsvermittlung kümmerten. Faktisch lag die Verantwortung für die Lehrlingsausbildung aber bis in die Nachkriegszeit bei den einzelnen Gehörlosenschulen. Mit der Gründung der Berufsschule für Hörgeschädigte (BSfH) 1954 ging die Berufslehre an eine unabhängige Institution über. Gleichzeitig baute die 1940 geschaffene Beratungsstelle, die mit der Einführung der IV (1960) für die Berufsberatung und Arbeitsvermittlung der Gehörlosen verantwortlich wurde, ihr Angebot aus. Spätestens ab diesem Zeitpunkt konnte und musste das Gehörlosenpfarramt seine «Tätigkeiten» im «Arbeitsbereich» der Beratungsstelle abtreten. Das Gehörlosenpfarramt konnte sich nun wieder auf seine eigentliche Aufgabe konzentrieren: die Seelsorge in der Gehörlosengemeinde.

DAS GEHÖRLOSENPFARRAMT ALS EIN KIRCHLICHER SPEZIALFALL

Die landeskirchlichen Aufgaben des Gehörlosenpfarramts

Eigenheiten und Eigenschaften der Gehörlosengottesdienste

Die Leitung von Gottesdiensten gehörte und gehört zu den zentralen Aufgaben der Gehörlosenpfarrer. Leider finden sich nur in den Unterlagen von Pfarrer Weber detaillierte Angaben darüber, wie häufig er für Gehörlose einen Gottesdienst abhielt. Insgesamt predigte Weber durchschnittlich 60- bis 65-mal im Jahr, in intensiven Amtsjahren weit über 70-mal. Absoluter und wohl bis heute ungeschlagener Rekord waren die 77 Gottesdienste 1912. Dieses Pensum wurde offenbar auch unter Gehörlosenpfarrer Stutz beibehalten. Es mussten schon ausserordentliche Umstände wie die Viehseuchen von 1913 und die Krisenjahre von 1918/1919 auftreten oder sich gesundheitliche Beschwerden beim Pfarrer (1926) einstellen, damit die Zahl der Gottesdienste unter 60 pro Jahr fiel. Wie weit Abdankungsgottesdienste oder Trauungen in diesen Zahlen enthalten sind, lässt sich nicht sagen.

Obwohl die Gottesdienste des Gehörlosenpfarrers für die Gehörlosen gedacht waren, mischten sich immer wieder Hörende unter die Gemeinde. Vor allem in den ländlichen Gebieten wollten die Angehörigen ihre Gehörlosen nicht allein zum Predigtort reisen lassen. In einigen Predigtzentren erschien oft eine Vertretung der gastbietenden Kirchenpflegen zum Gehörlosengottesdienst. Als Mettmenstetten 1916 erstmals Gehörlosengottesdienste erhielt, verkündete dies der Ortspfarrer sogar im Gottesdienst der Hörenden. Dies führte dazu, dass eine beträchtliche Anzahl von Hörenden diese Gottesdienste besuchte.

Die Gehörlosen selbst reagierten unterschiedlich auf die Anwesenheit von Hörenden. Wo die Hörenden wie in Winterthur als Begleiter auftraten, wurden sie eher als Teil der Gemeinschaft angesehen. Oft führte die Anwesenheit der hörenden Verwandten oder Freunde dazu, dass man sich erst recht als Familie wahrnahm. Pfarrer Weber hatte keine Einwände gegen den Besuch von Hörenden, solange der Anteil der hörenden Gäste in überschaubarem Rahmen blieb. Er störte sich jedoch daran, wenn die Hörenden zu zahlreich in seinen Gottesdienst drängten. Die Teilnahme der Kirchenpflegen an den Gehörlosengottesdiensten war ihm aus politischen Gründen jedoch sehr willkommen. Er war ebenso wie seine Nachfolger auf die Zusammenarbeit mit ihnen angewiesen, da sie ihm die Räume für die Gottesdienste zur Verfügung stellten und den «Zvieri» für die Gehörlosengemeinde übernahmen:

> «Eine Gemeinde am See liess [Weber] wissen, dass sie nur 1 Mal im Jahr die Tbst. zu Gast haben wünsche. Das nötigte, ein Gesuch um Aufnahme an die Gemeinde Meilen zu richten, die zwar z. Z. keine gottesdienstfähigen Tbst. aufweist, aber für Zusammenkünfte gut gelegen ist. Das Gesuch fand freundliche Gewährung.

Um die schwere Last der Bewirtung von 4–6 Tbst. 4 Mal im Jahr los zu werden, gieng die Gemeinde Affoltern von sich aus die Gem. Ges. [d. i. die Gemeinnützige Gesellschaft] des Bez. Affoltern um Hülfe an. […] Für die in diesem Punkt gefährdete, aber um Rheinaus willen unentbehrliche Predigtstation Marthalen trat der Zürch. Verband f k L [Zürcherischer Verband für kirchliche Liebestätigkeit, gegründet 1906] mit der Zusicherung ein, die Bewirtungskosten nötigenfalls zu übernehmen.» (Jahresbericht Gehörlosenpfarramt 1912; StaZH T 44a1, Nr. 68)

Auch Pfarrer Stutz betonte im Jahresbericht von 1935, wie wichtig eine gute Zusammenarbeit des Gehörlosenpfarrers mit den Kirchenpflegen für erfolgreiche Gehörlosengottesdienste war:

«Hier ist der Platz, wo ich auch dankend der Pfarrer und Kirchenpflger gedenken möchte, welche der Taubstummensache in so freundlicher Weise dienen durch Bereitstellung der Predigtlokale und Verabreichung des Zabig nach dem Gottesdienst. [Den Kirchenpflegen] ist es zu verdanken, dass die Gottesdienste durchweg ohne irgendwelche Schwierigkeiten durchgeführt werden konnten. Einige Gemeinden ordnen sogar immer einen Vertreter der Kirchenpflege ab um am Taubstummen-Gottesdienst teilzunehmen.» (Jahresbericht Gehörlosenpfarramt 1935 (StAZH T 44a2, Nr. 38)

Obwohl das bewährte Grundmuster der Gehörlosengottesdienste unverändert blieb, gab es doch immer wieder Veränderungen. Pfarrer Weber setzte auf eine einfache Sprache und auf den Druck der Predigten. Diese gedruckten Predigten wurden nach dem Gottesdienst abgegeben. Überzählige Exemplare wurden oft zusammengebunden und zu einem späteren Zeitpunkt verteilt. Solche Extrahefte waren unter den Gehörlosen sehr beliebt. Aber schon bei seinem Nachfolger Jakob Stutz wurden die Predigten nicht mehr gedruckt, wohl auch, weil die Gehörlosen bei ihm besser ablesen konnten.

An der gesprochenen Predigt hielt auch Eduard Kolb fest. Selbst unter den führenden gehörlosen Kirchenhelfern war diese Form der Predigt nicht umstritten. Auf der Kirchenhelfertagung vom 25. November 1956 in Embrach äusserte sich auch Pfarrer Kolb zu lautsprachlichem Gottesdienst und Predigtdruck:

> «Herr Pfarrer Weber liess seine Predigten drucken, weil man wegen seines Bartes und der schwierigen Sprache schlecht ablesen konnte. Ich gebe mir Mühe, so zu sprechen, dass mich die Gehörlosen verstehen und ablesen können. Im Gottesdienst kann man an den Gesichtern sehen, ob man verstanden wird. Ich möchte gerne wissen, ob man auch die gedruckten Andachten in der Gehörlosenzeitung versteht. Ich habe kein Echo, oder doch nur von Hörenden.» (Kirchenhelfertagung vom 25. Nov. 1956, 4; StAZH Z 5.757)

Gehörlosengerechte Gottesdienste bedeuteten für Pfarrer Kolb nicht eine abgespeckte Version einer Predigt für Hörende. Vielmehr war er der Ansicht, wesentliche Elemente wie die Kirchenmusik sollten für die Gehörlosen gleichwertig ersetzt werden. Ein geschmückter Raum könne bei Gehörlosen eine ähnliche Empfindung auslösen wie die Kirchenmusik bei Hörenden. Ein farbiges Tuch (Parament) mit den Motiven des jeweiligen Gottesdienstes sowie Flanellbilder halfen den Gehörlosen, den Sinn der Predigt besser zu erfassen.

Schliesslich gelang es Kolb sogar, die Musik in die Gehörlosenkirche einzuführen: 1972 konnte die weltweit erste «Taubstummenorgel» in der Gehörlosenkirche des Gehörlosenzentrums eingeweiht werden. Zu dieser Zeit weilte Pfarrer Kolb zu Weiterbildungszwecken am Gallaudet College. Sein Stellvertreter, der am Gallaudet-College tätige Gehörlosenpfarrer Daniel Pokorny, übernahm die Einweihungsfeier und brachte eine neue Idee ein: Die Musik sollte über verschie-

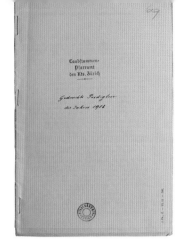

denfarbiges Licht visualisiert werden. Die Zürichsee-Zeitung und der Tages Anzeiger rühmten die Einweihung der Orgel als Pioniertat. Der Tages Anzeiger ging sogar so weit, die neue Orgel als wegweisend für die Fachwelt zu bezeichnen.

Abendmahl

Dass der Kirchenrat des Kantons Zürich das Abendmahl in das Pflichtenheft des Gehörlosenpfarrers schrieb, kam einem radikalen Gesinnungswandel hinsichtlich der Einstellung zur Bildungsfähigkeit der Gehörlosen gleich. Noch im 18. Jahrhundert hatte Antistes Wirz die Ansicht vertreten, Gehörlose und Stumme müssten vom Abendmahl ausschlossen werden. Denn lesen zu können und die Kenntnis des Katechismus seien Bedingung, um am Abendmahl teilzunehmen. Voraussetzung für die Teilnahme am Abendmahl sei deshalb der Nachweis einer Schulung der Gehörlosen.

Es brauchte den Aufbau eines umfassenden Netzes von Gehörlosenschulen, um die Auffassung, Gehörlose seien nicht bildungsfähig, ins Wanken zu bringen. Tatsächlich wollten die Pioniere des 18. Jahrhunderts, z. B. Heinrich Keller in Schlieren und Johann Ulrich in Zürich, den Gehörlosen vor allem den Zugang zur Kirche öffnen. Eugen Sutermeisters

Wie verkündigt man das Wort Gottes
für Gehörlose? Im Laufe der Zeit gab
es darauf verschiedene Antworten:
Gustav Weber setzte auf den Druck
der Predigten, Eduard Kolb vor allem
auf visuelle Hilfsmittel.
Das bekannteste dieser «Hilfsmittel»
sollte der Mimenchor werden: die
Predigtsammlungen von 1913; Darstellung des verlorenen Sohnes durch
den Mimenchor, 1984.
(Quellen: StAZH T 44a1, Nr. 69;
Privatarchiv Rolf Ruf)

Aufruf an die Landeskirche des Kantons Zürich von 1903
war vermutlich nicht zuletzt deshalb erfolgreich, weil er den
Nachweis über die Bildungsfähigkeit der Gehörlosen als «selber Entstummter» erbracht hatte und deshalb die Kirche
moralisch in die Pflicht nehmen konnte.

Der erste Gehörlosenpfarrer nahm zwar erst am 1. September 1909 offiziell seine Tätigkeit auf. Er spendete 1909
aber bereits erstmals das Abendmahl. Fest steht, dass in jedem Kreis mindestens ein Abendmahlsgottesdienst pro Jahr
abgehalten wurde, in Zürich in der Regel zwei.

Die Abendmahlsfeier fand bis zum Einzug in die Gehörlosenkirche in dem Raum statt, den die jeweilige Kirchgemeinde zur Verfügung stellte. Das Gehörlosenpfarramt verfügte
nicht über eigenes Abendmahlsgerät und musste dieses von
den Kirchgemeinden mieten oder es selbst organisieren. Eine
Änderung gab es erst mit dem Einzug in die Gehörlosenkirche im Gehörlosenzentrum, als die Gehörlosengemeinde sich
eigenes Abendmahlsgerät anschaffte.

Kollationen und Einladungen

Bereits das Reglement von 1909 schrieb vor, den Gottesdienst mit einem kleinen Imbiss, der sogenannten Kollation,

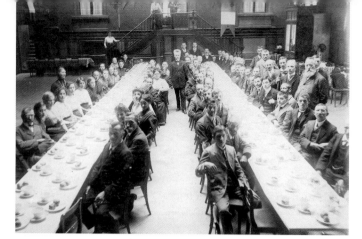

Die Verpflegung nach dem Gottesdienst war bei den Gehörlosen und auch beim Pfarrer sehr geschätzt. Die gehörlosen Kirchenbesucher konnten sich untereinander austauschen. Der Gehörlosenpfarrer selbst fand Zeit für ungezwungene Gespräche. Eugen Sutermeister hatte die Verpflegung bereits 1903 sehr empfohlen: Eugen Sutermeister (stehend) mit gehörlosen Teilnehmern des Bettagsgottesdiensts von 1913 in Interlaken. (Quelle: Sonos-Archiv, Riehen)

ausklingen zu lassen. 1903 legte Eugen Sutermeister am Instruktionskurs für kirchliche Liebestätigkeit in Zürich die Vorteile einer solchen Verköstigung der Gehörlosen dar:

> «Diese Kollation, so befremdlich sie vielleicht Einzelnen auf den ersten Blick erscheinen mag, hat sich als eine sehr nützliche Einrichtung erwiesen: Einmal kommen manche Taubstumme drei bis vier Stunden weit her, sodann werden sie verhindert, nach der Predigt bis zur Heimfahrt oder Rückmarsch in den Wirtshäusern herumzuliegen, wohin sie ohnedies hätten gehen müssen zur Wegstärkung. Endlich erhalten sie da gute Gelegenheit, sich gegenseitig auszusprechen, alte Schulkameradschaften aufzufrischen oder ihrem Seelsorger ihre Nöte und Sorgen mitzuteilen. Sie sind da wieder einmal gemütlich unter sich [...]. So bedeutet denn die Kollation für viele nicht nur eine Leibes-, sondern auch Herzerquickung, einen hellen Sonnenstrahl in ihr einsames, dunkles Leben, eine liebliche Zutat und Ergänzung zur Taubstummenpredigt.» (Sutermeister, Kirchliche Fürsorge für erwachsene Taubstumme, 11)

Obwohl die kleinen Mahlzeiten nach dem Gottesdienst aus fürsorgerischem und erzieherischem Interesse abgegeben wurden, gewann die Mahlzeitenvergabe mit der Zeit ein «Eigenleben». Zwar hätte nach jedem Gottesdienst ein solcher «Zvieri» verabreicht werden sollen. Die Jahresplanung der Gottesdienste führte jedoch dazu, dass gelegentlich zwei Gottesdienste gleichzeitig gefeiert wurden. In diesem Fall fiel die Kollation weg. Als Spezialfall erwies sich Zürich. Aus Kostengründen gab es dort während der Amtszeit Gustav Webers keine Kollationen. Stattdessen unternahm Weber mit den Gehörlosen Spaziergänge. Nach seiner Ansicht erwiesen sich die Spaziergänge jedoch nur als bescheidener Ersatz für die Kollationen.

Die Kollationen waren nicht nur eine von den Gehörlosen hochgeschätzte Einrichtung, sie wurden gewissermassen zum Politikum. Heiss diskutiert und wohl bis heute nie abschliessend geklärt wurde die Frage, ob erst diese «Zvieri» zu den hohen Besucherzahlen beitrugen. Wie sich die «Zvieri-Frage» mit anderen ungelösten Problemen in der Stadt Zürich vermischte, zeigt der folgende Auszug aus dem Jahresbericht 1938 von Pfarrer Stutz:

> «Ein [Stadt]Zürcher meinte zwar, wenn es in Zürich wäre wie in Winterthur, wo die Gottesdienste am Nachmittag sind und wo es nachher noch Kaffee und Kuchen gibt, kämen auch in Zürich mehr Leute in den Gottesdienst. Die Stadtzürcher sind tatsächlich im Nachteil gegenüber allen andern im Kanton. Ich habe es von Herrn Pfarrer [Weber] übernommen, möchte aber den Zürchern die Wohltat eines Kaffees nach dem Gottesdienst wohl gönnen. Die Frage ist nur die, wer die doch nicht unbeträchtlichen Kosten tragen würde. Als etwelchen Ersatz dafür habe ich im letzten Jahr angefangen so eine Art Gemeindeabend durchzuführen bei Thee und Gebäck [...] Der Besuch war ein sehr guter und an die

Kosten hat die Zentralkirchenpflege jeweils Fr. 150 beigetragen, auf meine Bitte hin.» (Jahresbericht Gehörlosenpfarramt 1938; StAZH T 44a2, Nr. 42

Gottesdienst und Predigt haben sich während der 100 Jahre des Bestehens des Gehörlosenpfarramts verändert. Ein Klassiker jedoch blieb: die persönliche Einladung zu den Gottesdiensten. Diese Einladungen sind im Reglement über die Pastoration der Taubstummen im Kanton Zürich vom 3. März 1909 und vom 16. November 1955 unter § 5 vorgesehen. Tatsächlich wurde diese Pflicht für die Gehörlosen zu einer geschätzten Geste, die sie nicht missen wollten. Gehörlosenpfarrer Weber schreibt im Jahresbericht von 1923:

> «Die Zahl der [Gehörlosen] wäre noch um ein weniges grösseres wenn da & dort noch eine Einladungskarte geschickt worden wäre, wo es als vermeintlich überflüssig unterlassen wurde. Da man auf die Weihnacht sonst schon alle Hände voll zu tun hat, wurde im Oberland zur Weihnachtsfeier nur mündlich beim vorangegangenen Gottesdienst eingeladen. Infolge davon fehlten etwa ein halbes Dutzend. Die Tbst. sind in diesem Stück pedantisch, – sie wollen ihre Einladungskarte haben. In den Städten wurden letztere aber nur an solche geschickt, von denen der Pfarrer annimmt, dass sie nur aus Unachtsamkeit die letzten Gottesdienste nicht besucht hatten.» (Jahresbericht Gehörlosenpfarramt 1923; StAZH T 44a, Nr. 11)

Gerade weil der Pfarrer seine Predigten in den verschiedenen Bezirken in wechselnder Reihenfolge hielt, waren die schriftlichen Hinweise für die Gehörlosen eine wichtige Hilfe. Kurzfristige Änderungen erlaubte dieses Einladungssystem aber nicht. Dies zeigte sich im Krisenjahr 1918, als Grippe, Gottesdienstverbot, miserable Eisenbahnverbindungen und die Belegung durch Militär kreative Lösungen verlangten. Viele auswärtige Gehörlose unternahmen oft vergeblich einen weiten Fussmarsch zum angekündigten Versammlungsort, weil sie von den kurzfristigen Änderungen nichts wussten. In den Städten versuchte der Gehörlosenpfarrer, die Gehörlosen per Zeitungsanzeige zu erreichen – mit beträchtlichem Erfolg:

> «Um bei den erhöhten Porti und Materialpreisen nach Möglichkeit zu sparen, wurde der Versuch gemacht, in Zürich & Winterthur nur noch ausnahmsweise durch Karten zu den Tbst.-Gottesdiensten einzuladen, für gewöhnlich aber dieselben im Kirchenzeddel der Lokalblätter anzukündigen. Es scheint, dass es dabei bleiben kann. Es übersieht freilich da und dort einer diese Anzeige; aber ein grosser Teil der Tbst. empfindet es angenehm, auch in diesem Punkt den Hörenden gleich gehalten zu werden.» (Jahresbericht Gehörlosenpfarramt 1917; StAZH T 44a2, Nr. 2)

Kritisch merkte Weber jedoch im Jahresbericht 1927 an, dass sich die durch eine Anzeige in den Lokalblättern in Zürich und Winterthur Eingeladenen weniger zur Teilnahme am Gottesdienst verpflichtet fühlten als die persönlich Eingeladenen in den Landgemeinden. Allerdings vermöge Zürich den Gehörlosen in der Stadt einiges mehr zu bieten als den Gehörlosen auf dem Lande. Deshalb falle die fehlende Einladung kaum ins Gewicht. Ausserdem könne mit einer Präsenzliste genügend Pflichtgefühl geweckt werden. Der eine oder andere Gehörlose rechtfertige sein Fehlen im Gottesdienst mündlich oder schriftlich.

Anders endete ein Versuch Pfarrer Kolbs, die administrative Last der persönlichen Einladungen zu reduzieren: Als er einmal versuchsweise auf die persönlichen Einladungen verzichtete und nur noch über die Gehörlosenzeitung einlud, halbierte sich die Teilnehmerzahl.

Besucherzahlen in den Gottesdiensten

Zwischen 1909 und 1939 besuchten durchschnittlich zwischen 1300 und 1800 Personen jährlich die Gottesdienste der Gehörlosen. Die Besucherzahlen schwankten von Jahr zu Jahr beträchtlich, ohne dass sich hierfür – abgesehen von längerer Krankheit des Pfarrers – genaue Ursachen feststellen liessen. Lobend erwähnte Pfarrer Stutz im Jahresbericht von 1937 die Besuchsdisziplin der Gehörlosen, die trotz dem im Allgemeinen schlechten Wetter den Gottesdienst regelmässig und zahlreich besuchten:

> «Die Gottesdienste sind im Berichtsjahre [1937] fast durchwegs gut besucht gewesen. Wenn in den Dörfern der Prozentsatz der Gottesdienstbesucher so gross wäre wie bei den Taubstummen, so wäre in manchem Dorfe die Kirche zu klein. [...] In Zürich ist es, bei etwas über 300 Taubstummen, ein Stamm von etwa 50 Personen die regelmässig in den Gottesdienst kommen. In Winterthur ist es anders, da ist gewöhnlich alles da, was gesund und auf den Beinen ist.» (Jahresbericht Gehörlosenpfarramt 1937; StaZH T 44a2, Nr. 41)

Zürich erhielt am meisten Gottesdienste und stellte, rein quantitativ gesehen, auch am meisten Besucher, jeweils 30 bis 40 Personen. Die Teilnehmer in den Gottesdienstzentren der Bezirke Amt oder Marthalen hingegen liessen sich an einer Hand abzählen. Während jedoch an den Zürcher Gottesdiensten nur knapp die Hälfte der Eingeladenen teilnahm, waren sie auf der Landschaft oft geschlossen anwesend. Nicht eingeladen wurden etwa die katholischen Gehörlosen. Zudem durfte der Gehörlosenpfarrer diejenigen Gehörlosen nicht einladen, die dem Gottesdienst nicht hätten folgen können. In diese Kategorie fielen die sogenannt «Verblödeten», die geistig angeblich noch schwächer waren als die sogenannt «Schwachbegabten».

In den 1950er Jahren nahmen die Besucherzahlen in den Gehörlosengottesdiensten stark ab. Zahlenmässig lässt sich der Besucherschwund aus den Quellen nicht belegen. Doch bereits auf der Kirchenhelfertagung in Affoltern am Albis am 3. März 1957 wurde sogar die Befürchtung laut, die Kirchenhelfer und die Gehörlosengemeinde selbst könnten überaltern. Pfarrer Kolb teilte diese Angst nicht.

> «Nein, unsere Kirchenhelferschaft ist kein Greisenparlament, wie der Eidgenössische Ständerat. Wir haben auch Junge unter uns [...]. Mit ganz wenig Ausnahmen kommen alle meine frühern Konfirmanden regelmässig zum Gottesdienst. Viele machen auch begeistert in der Mimengruppe mit. Die Jungen, welche nicht zum Gottesdienst kommen, sind zum grössten Teil Zugezogene oder Katholiken.» (Kirchenhelfertagung vom 3. März 1957 in Affoltern am Albis, 6)

Vielmehr führte er die geringeren Besucherzahlen auf die neue Ausrichtung im Gottesdienst zurück:

> «Wer als Hörender in einen Gottesdienst geht, erwartet und will nichts anderes, als von Gott hören. (Darum ist ja auch der Besuch oft so klein). In unserer Gemeinde wollen viele Taubstumme überhaupt wieder einmal irgend etwas ‹hören›, etwas ablesen und verstehen können. Sie wollen wieder einmal Gemeinschaft mit andern Gehörlosen haben, sie wollen eine Abwechslung haben durch den Ausflug an den Gottesdienstort. Auch der Gratiskaffee und das Plaudern ist nicht unwichtig. Aus diesen Leuten wollte ich durch die Predigt eine christliche Gemeinde schaffen und sie für Christus gewinnen [...]. Jetzt habe ich umgestellt. Ich glaube, man darf auch den ungläubigen Gehörlosen zumuten, kräftig von Christus zu hören. Schliesslich sind sie ‹selber schuld›, wenn sie sich in einen christlichen Gottesdienst verirren und daran Anstoss nehmen! (Heiterkeit)» (Kirchenhelfertagung vom 3. März 1957 in Affoltern am Albis, 3f.)

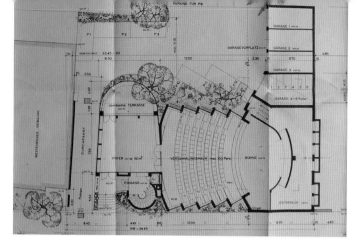

Bis 1969 besass die Gehörlosengemeinde keine Gottesdiensträume, die für das Ablesen geeignet waren. Erst mit dem Einzug ins Gehörlosenzentrum wurde diese Forderung eingelöst: Grundriss der Gehörlosenkirche. (Quelle: Staatsarchiv Zürich)

Vor allem in den Anfangsjahren hatten äussere Begebenheiten einen grossen Einfluss auf die Besucherzahlen. 1913 beispielsweise wütete im Kanton Zürich die Maul- und Klauenseuche. Die entsprechend restriktiven Bestimmungen führten dazu, dass einige Pastorationskreise praktisch unbenutzbar wurden. Noch härter traf es das Gehörlosenpfarramt in den Krisenjahren 1918/1919. Zugausfälle wegen der Kohlenknappheit oder wegen des Generalstreiks sowie das ausgerufene Versammlungsverbot wegen der Spanischen Grippe brachten den gesamten Gottesdienstplan durcheinander. Pfarrer Weber schildert im Jahresbericht 1919 die Herausforderungen anschaulich:

«Der bis in den April hinein dauernde sonntägliche Streik der Eisenbahnen gestaltete die Durchführung sonntäglicher Zusammenkünfte mit den Taubstummen […] äusserst schwierig & mühsam. Besondere Schwierigkeiten bereiteten die Bezirke Andelfingen & Affoltern. Im untern Teil des Bezirkes Bülach war erst im Mai wieder Zusammenkunft möglich. Dafür wurden im obern Teil in den Monaten Jan. & Febr. in Kloten und im März in Basserdorf Vormittagsgottesdienste eingerichtet, was ermöglicht wurde, indem die dortigen Kirchenpflegen gütigst mittägliche Bewirtung der Taubstummen übernahmen. Für den Pfarrer brachten sie jeweilen recht mühsame Märsche durch Regen & Schnee. Am 16. Febr. musste der Gottesdienst in Affoltern ausfallen, da Schneefall nicht bloss Benutzung des Velo, sondern auch Fussmarsch verunmöglichte. – Auch die Bedienung des Seekreises war sehr mühsam. Mittelst mehrstündigem Marsch – jeweilen in Regen und Schnee – gelang aber doch im 1. Halbjahr die Abhaltung von 5 Gottesdiensten daselbst. – Für das sonst verschlossene Oberland wurden im Jan. & März 2 Gottesdienste ermöglicht durch Einrichtung derselben in dem durch Elektrizität erreichbaren [d. h. durch die elektrifizierte Bahnlinie nach] Oetwil. – In Winterthur wurde im Febr. & März der Ausweg probiert, die Gottesdienste auf den Samstag zu verlegen. Der Versuch gelang befriedigend. – Im Heim in Regensberg konnten im 1. Halbjahr 3 Gottesdienste eingerichtet werden durch Hinreise am Samstag ([...] von W'thur herkommend mit nächtlichem Marsch von Niederglatt aus). Die Heimreisen wurden teils zu Fuss, teils erst am Montag per Bahn gemacht. Aber auch seit die Bahn Sonntags wieder fährt, ist die Bedienung mancher Gottesdienstzentren [...] sehr zeitraubend. So kostet ein Gottesdienst im Bezirk Affoltern jeweilen 9-stündige, einer im Bezirk Andelfingen 10-stündige Abwesenheit von Zürich.» (Jahresbericht Gehörlosenpfarramt 1919; StAZH T 44a2, Nr. 7)

Die Abhängigkeit von der Bahn wurde erst ab 1955 verringert, als der Kirchenrat Pfarrer Kolb die Anschaffung eines Dienstfahrzeugs gewährte. Dennoch durchkreuzte im Januar 1968 das Wetter die sorgfältige Planung des Gehörlosenpfarrers:

«Am Sonntag, 14. Januar 1968 war frühmorgens in meiner Wohngemeinde Ammerswil ein Schneesturm. Infolge der Schneeverwehungen war es mir unmöglich, die Gemeinde mit dem Auto zu verlassen, um den auf 11 Uhr festgesetzten Gottesdienst im Taubstummenheim Turbenthal zu halten. Eine Erkundigung auf dem Bahnhof Lenzburg ergab, dass alle Züge grosse Verspätungen hatten, insbesondere auch der Schnellzug von Biel nach Zürich, Abfahrt 8.14 Uhr. Ich hätte deshalb auch mit der SBB nicht rechtzeitig an meinem Gottesdienstort eintreffen können. Ich habe deshalb frühmorgens den Vorsteher des Taubstummenheims Turbenthal gebeten, […] einen Gottesdienst […] zu halten. […] Zwei Stunden nach meinem Telefon nach Turbenthal blieb der Taxi [sic!], der Herr Pfarrer Haffter, welcher in Ammerswil predigen sollte, hätte dorthin bringen sollen, im Schnee stecken, so dass ich den Gottesdienst in dieser Gemeinde übernahm (mit Hilfe einer alten Predigt). Um 10 Uhr waren die Strassen gepflügt, so dass ich mit dem Zug rechtzeitig in Zürich eintreffen und den zweiten Gottesdienst dieses Sonntags in der Wasserkirche halten konnte.» (Edaurd Kolb an Robert Ackeret, Sekretär des Kirchenrats, 31. Jan. 1968; StAZH Z 5.758)

Ab den 1970er Jahren drückte nicht nur das schlechte Wetter auf die Besucherzahlen. Die Gründe für den Rückgang waren vielfältig. Einerseits fühlten sich die Leute immer weniger verpflichtet, den Gottesdiensten beizuwohnen. Dass das Pflichtgefühl der Gehörlosen für einen Gottesdienstbesuch nachliess, bekam auch Gehörlosenpfarrerin Marianne Birnstil zu spüren. Im Jahresbericht von 1989 schrieb sie über einen gehörlosen Mann, der ihr stolz erzählt hatte, dass er seit 65 Jahren keinen Gottesdienst verpasst habe. Doch solche Leute gebe es in der Gehörlosengemeinde immer weniger. Andererseits betraf der Rückgang der Besucher gerade die jungen Gehörlosen. Für die Kirchenhelfer und die Gehörlosengemeinde wurde es schwieriger, ihre Positionen zu besetzen. Es wurde deshalb an den Kirchenhelfertagen intensiv darüber diskutiert, weshalb die Gehörlosen nicht

In den Auftritten des Mimenchors steckt viel Arbeit. Dass der Spass dabei nicht zu kurz kommt, zeigt diese Aufnahme, die zwischen 1980 und 1985 entstanden ist. Wird hier wohl die Kuh oder der Stier gemolken? (Quelle: Privatarchiv Rolf Ruf)

mehr Interesse am Gehörlosenpfarramt hätten. Obwohl das Gehörlosenpfarramt weitere Angebote für Jugendliche schuf, konnte die Überalterung der Gehörlosengemeinde nicht vollständig aufgehalten werden.

Der Mimenchor: eine Erfolgsgeschichte

Der Legende nach soll Gehörlosenpfarrer Kolb 1943 oder 1944 bei seinem Vorgänger Jakob Stutz einen Gehörlosengottesdienst besucht haben. Ihm fiel auf, dass die Gehörlosen den Sinn der Predigt und damit die Kernbotschaft überhaupt nicht aufnehmen konnten. Dabei wäre dies doch das zentrale Element jeder Predigt. Als er als Gehörlosenpfarrer gewählt wurde, begann er zu experimentieren, wie er mit Mimik, Gebärden und Bildern den Kern der Predigt vermitteln könnte.

Eines der eindrucksvollsten Ergebnisse dieser Experimente stellt der 1954 gegründete Mimenchor dar. Der Gründung ging eine 10-jährige Probephase voraus. Der Zürcher Mimenchor, auch bekannt unter dem Kürzel ZMC, war jedoch weit mehr als eine Bereicherung der Gehörlosengottesdienste. Die Mitarbeit im Mimenchor bedeutete vor allem ein hartes Training und eine gezielte theologische und künstlerische Ausbildung. Erst die Verinnerlichung der Bibeltexte sowie die strengen Proben führten zu jener eindrucksvollen Darstellung, für die der Mimenchor im In- und Ausland berühmt wurde. Der erste Balletmeister des Mimenchors, Max Lüem, legte Wert darauf, dass die Gehörlosen eine kunstvolle Form der Gebärde anwandten. War die Pantomine bei den Gehörlosen umstritten, so zollten sie der künstlerischen Leistung des Mimenchors doch Respekt. Vermutlich der gehörlose Fritz Balmer schrieb in der Gehörlosenzeitung vom 15. Oktober 1957:

> «Ich hatte nun schon einige Male Gelegenheit, den Darbietungen von Gehörlosen-Mimengruppen beizuwohnen. [...] Das Stück war so gut gespielt, dass man hätte meinen können, wirkliche Künstler vor sich zu haben. [...] Ich weiss wohl, dass die Meinung der Gehörlosen über den Wert solcher Pantomimen geteilt ist. Wer aber etwas Sinn für künstlerisches Schaffen hat, wird mit mir einig gehen, dass dieses auch von unserer Seite gefördert werden sollte. Denn gerade hier kann der Gehörlose andern, selbst Hörenden, Wertvolles schenken.» (F.B., Hat der Mimenchor eine Zukunft?, in: Gehörlosen-Zeitung 51. Jg, 15. Okt. 1957)

Nicht das Kopieren der Kunst der Hörenden, sondern die eigenständige und aus der Gebärdensprache schöpfende künstlerische Entfaltung wollte Lüem mit dem Mimenchor erreichen. Vernichtend fiel sein Fazit über Aufführungen am Weltgehörlosenkongress in Wiesbaden 1959 aus:

> «Das Taubstummenballet aus Frankfurt suchte mit viel Hingabe, die Vorbilder berühmter Ballette zu kopieren. Schöne Kostüme machen aber noch keine Tänzer. Mit einfacherer Choreographie

hätte dieses Unternehmen mehr erreicht. Es waren alles nette junge Menschen, doch sichtbar ungenügend trainiert. […] Stark rührte man die Werbetrommel für eine gehörlose Schauspieltruppe aus Dortmund, die den ‹Hamlet› aufführte. Uns war diese Truppe von Freiburg im Breisgau her noch in lebhafter Erinnerung. Sie hatten dort den ‹Faust› geboten. Mir ist es aber unverständlich: Wie kann man mit Taubstummen Dramen aufführen, die so stark oder überhaupt gänzlich an das Wort gebunden sind. Diese Werke, nur in der Handlung, als Pantomime in revuehafter Aufmachung darstellen – es ist eine Profanierung!» (zit. nach «Mimenchorreise nach Wiesbaden, 21–24. August 1959»; StAZH Z 5.757)

Doch nicht nur Max Lüem stufte die Qualität des Mimenchors als sehr hoch ein. Die Gehörlosen verglichen sich bei ihren zahlreichen Gastauftritten auch selbst direkt mit der Konkurrenz. Die Kritik fiel nicht unbedingt zu Gunsten der Konkurrenz aus.

Die zahlreichen internationalen Gastauftritte zeugen von dem grossen Interesse am Mimenchor. Zu Beginn war dies vor allem auf die neue Form der Gottesdienstgestaltung zurückzuführen. In diesem Sinne leisteten der Zürcher Mimenchor und die gehörlosen Kirchenhelfer Entwicklungshilfe. Mimenchöre entstanden explizit nach dem Zürcher Vorbild, und gehörlose Kirchenhelfer wurden wie in Zürich eingesetzt. Die ersten ausländischen Gastauftritte hatten deshalb den Charakter von «Studienreisen» und kamen unter anderem durch Kolbs Kontakte zustande. Die bescheidenen Anfänge dürfen jedoch nicht darüber hinwegtäuschen, welch grosse Anziehungskraft die Marke «Mimenchor» besass. Selbst in der Anfangszeit waren bei den Spielen des Mimenchors oder bei Predigten, an denen der Mimenchor mitwirkte, alle Plätze besetzt. Unter anderem trat der Mimenchor in Wien (1965), in Paris (1971), in Washington (1975), in Berlin (1977), Pa-

Die Gastreisen des Mimenchors bedeuteten für die Verantwortlichen eine grosse logistische Herausforderung: Teilnehmer und Gepäck des Mimenchors treffen in Paris ein. Der Mimenchor wird bald am Gehörlosenkongress

lermo (1983) und Helsinki (1987) auf. Wenn der Mimenchor auf Reisen ging, bedeutete dies bei aller Planung eine logistische Herausforderung:

> «Während Herr Lüem dem Mimenspiel den ‹etzten Schliff› gibt und die Mimenspieler endgültig mit ihrer Rolle verwachsen, so sitze ich im Büro und schreibe aus dem Fahrplan die Zugverbindungen heraus, bestelle das Kollektivbillet und die Platzreservation, ziehe in der Fleischhalle die verstaubte Beleuchtungsanlage ans Tageslicht, verpacke diese für den Transport und sende den Reiseteilnehmern das Programm mit den letzten Anweisungen für die Reise zu. [...] Punkt zwei Uhr [am Reisetag] melden sich in meinem Büro Max Hügin und Rainer Künsch, um mir beim Transport der Beleuchtungsanlage zu helfen. Auch Herr Lüem erscheint und setzt sich sogleich ans Pult, um sich die wenigen Minuten bis zur Zugsabfahrt den Kostümen zu widmen. Nadel und Faden führen in den Händen des Meisters die reinsten Hexentänze auf und im Nu sind auch die Kostüme reisefertig.» (zit. nach «Mimenchorreise nach Camberg i/Taunus 17.–20. Juni 1960»; StAZH 5.757)

(1971) auftreten. Links, 2. v. r. und rechts, 2. v. l.: Max Lüem; rechts, hinten Mitte: Pfarrer Eduard Kolb) (Quelle: Privatarchiv Rolf Ruf).

Nicht nur das Gepäck wollte mitgenommen sein. Vielmehr sollten alle Teilnehmer nach Möglichkeit die Reise gemeinsam antreten. Es kam aber vor, dass eine Person fehlte.

> «[T]ropfenweise tauchen aus der hastenden und eilenden Menschenmasse im Zürcher Hauptbahnhof bekannte Gesichter auf. [... E]inige von ihnen sind dermassen vom Reisefieber gepackt, sodass sie kaum stille stehen können. Trotzdem gelingt es mir, die Schar zu zählen; bis auf Kurt Rusterholz sind alle hier – wo bleibt denn wohl unser Kurt? In der Hoffnung, er werde noch rechtzeitig auftauchen, suchen wir unser reserviertes Zugabteil auf [... D]er Zug setzt sich langsam in Bewegung [...]. Kurt bleibt nach wie vor auf der Verlustliste, doch lasse ich mir keine grauen Haare wachsen, denn der reisegewandte Kurt wird sicher den Weg nach Camberg finden. Unsere Freude ist gross, ihn in Basel auf dem Bahnsteig zu treffen.» (zit. nach «Mimenchorreise nach Camberg i/Taunus 17.–20. Juni 1960»; StAZH 5.757)

Der Mimenchor bedeutete für die Teilnehmer jedoch nicht nur eine religiöse Vertiefung sowie Reisen ins Ausland.

Die internationalen Gastreisen (hier in Helsinki, 1987) bedeuteten für die Darsteller einen grossen Erfolg, vermittelten ihnen aber auch internationale Kontakte zu anderen Gehörlosen. (Quelle: Privatarchiv Rolf Ruf)

Vielmehr standen die Gemeinschaft sowie die Solidarität untereinander im Vordergrund, und es herrschte eine gute Stimmung:

> «Unsere Reisegesellschaft ist in bester Stimmung und in den für den ‹Taubstummen-Männerchor› (!) reservierten Abteilen herrscht Hochbetrieb. [...] Auch im Speisewagen entdecke ich bekannte Gesichter [...], wo es dermassen lustig zugeht, dass uns allen Tränen über die Wangen kollern.» (zit. nach «Mimenchorreise nach Camberg i/Taunus 17.–20. Juni 1960»; StAZH 5.757)

Gerade die gute Stimmung und die internationalen Kontakte wurden oft als Highlight der Reise eingestuft:

> «Nach dieser Schlussfeier [der letzten Vorstellung des Mimenchors] führte uns der Autocar zur Rhein-Main-Halle. Dort kamen wir mit Gehörlosen aus aller Welt zusammen. Es interessierte uns sehr, ob wir uns mit den fremdsprachigen Gehörlosen verstehen konnten. Wir gebärdeten, sie verstanden uns und wir wurden gute Freunde. Nur eine kurze Weile waren wir dort, dann musste die Mimengruppe leider gehen – es hatte zu wenig Platz.» (zit. nach «Mimenchorreise nach Wiesbaden, 21.–24. August 1959»; StAZH Z 5.757)

1987 trat der Zürcher Mimenchor in Helsinki letztmals an

einem internationalen Gehörlosenkongress auf. Warum der Mimenchor ab diesem Zeitpunkt auf Gastspielreisen ins Ausland verzichtete, lässt sich nicht genau feststellen. Sicher bedeuteten die Vorbereitungen einen grossen Aufwand. Der Auftritt und die zweiwöchige Tournee in Finnland wurden im Gehörlosenpfarramt wochenlang vorbereitet. Die Erfolge des Mimenchors waren zwar eine gute Öffentlichkeitsarbeit, kosteten aber auch entsprechend Geld. Der Mimenchor hatte zudem Mühe, neue Mitarbeiter zu rekrutieren. Doch auch wenn der Mimenchor auf internationale Auftritte verzichtete, blieb ihm in der Schweiz weiterhin ein grosses Tätigkeitsfeld erhalten.

Eigene Amtsräume und Arbeitsgeräte

Seine Aktivitäten führten den Gehörlosenpfarrer in den ganzen Kanton: Er traf sich z. B. mit der Vertretung der Gehörlosengemeinde, besprach sich mit Organisationen, die im gleichen Bereich arbeiteten, schlichtete Konflikte zwischen Gehörlosen und Hörenden und hielt in zahlreichen Gemeinden Gottesdienste ab. Dennoch darf die administrative Arbeit des Gehörlosenpfarrers nicht unterschätzt werden. Allein die persönlichen Einladungen zu den Gehörlosengottesdiensten verursachten regelmässig einen grossen Briefversand. In den Bereich Korrespondenz fielen unter anderem Anfragen zum Gehörlosenwesen, Korrespondenzen zu Gunsten von Gehörlosen, Briefe in juristischen Angelegenheiten und vieles mehr.

Als 1911 der Dachverband für die Gehörlosenfachhilfe (heute Sonos) sowie dessen kantonale Sektion (Zürcher Fürsorgeverein für Gehörlose, ZFVG) gegründet wurden, verschärfte sich das Arbeitsproblem zusätzlich. Indem Gehörlosenpfarrer Gustav Weber das Aktuariat des ZFVG übernahm, wurde das Gehörlosenpfarramt gewissermassen zum Sekretariat des ZFVG. Wie gross der Arbeitsaufwand für den ZFVG war, lässt sich heute nicht mehr abschätzen.

Der Pfarrer benötigte deshalb zwingend eigene Amtsräume. Bei der Gründung des Gehörlosenpfarramtes wurde dies jedoch zu wenig berücksichtigt. Der Regierungsrat stellte dem Gehörlosenpfarrer nicht einmal eine eigene Wohnung zur Verfügung. Nebenkosten wie Spesen wurde vom Staat erst ab 1945 vollständig übernommen. Vor 1945 wurden die Wohnpauschale und der Grundlohn des Gehörlosenpfarrers grundsätzlich laufend angepasst. Nachzuweisen ist dies letztmals für 1926.

Im Jahresbericht von 1924 schreibt Gehörlosenpfarrer Weber:

«Die Notwendigkeit der Besserstellung des Tbst.-Pfarrers ist doch wohl evident. Dem Tbst.-Pfarrer muss zugemutet werden: 1) dass er in der Stadt Zürich wohne; 2) dass er lange auf seinem Posten bleibe. (Denn ein häufiger Wechsel in diesem Amt müsste verderblich wirken. Hier müssen eben Pfarrer & Gemeinde sich ganz anders an einander gewöhnen, als es bei Gemeinden Vollsinniger der Fall ist.) 3) wird ihm noch zugemutet, - was wohl ziemlich einzig dastehen dürfte – dass er selber den Amtsraum stelle für Audienzen, Sitzungen mit Vertretern der Gemeinde und für übrige Bedürfnisse. Sogar möblieren [sic!] darf er ihn selber.» (zit. nach Jahresbericht Gehörlosenpfarramt 1924; StAZH T 44a2, Nr. 15)

Die Spannungen im Gehörlosenwesen der 1930er Jahre führten dazu, dass die Gruppenarbeit mit den Gehörlosen eine immer stärkere Bedeutung erlangte. Mit dem Einzug in den Glockenhof erhielt das Gehörlosenpfarramt neue Arbeitsräume sowie Gruppenarbeitsräume für Gehörlose. Ausserdem konnte der Gehörlosenpfarrer nun Gehörlose ausserhalb seiner Wohnung empfangen und geregelte Sprechzeiten einrich-

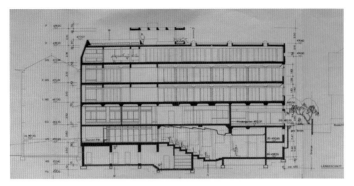

Das Gehörlosenpfarramt besitzt erst seit 1969 Amtsräume im Gehörlosenzentrum: Seitenansicht des Gehörlosenzentrums. (Quelle: StAZH)

ten. Die über die ganze Stadt verstreuten Aktivitäten liessen
sich so an einem Standort konzentrieren. Erstmals konnte
der Gehörlosenpfarrer nun neuen Mitarbeitern ein Büro an-
bieten, z. B. Martha Muggli, der ersten Fürsorgerin.

Spätestens mit dem personellen Ausbau des Gehörlosen-
pfarramts und der Beratungsstelle wurden die Verhältnisse im
Glockenhof aber zu eng. Es folgten Umzüge an die Hohlbein-
strasse (1951) und an die Frankengasse (1958). Erst mit dem
Einzug ins Gehörlosenzentrum wurde dann die chronische
Platznot beim Gehörlosenpfarramt zufriedenstellend behoben.

Wie eine Eingabe von Kolb an den Kirchenrat zeigt, wollte
er weiterhin Tür an Tür mit der Gehörlosenfachhilfe arbeiten.
Es bestanden sogar Pläne, bei einem personellen Ausbau des
Gehörlosenpfarramts das Wartezimmer der Gehörlosenfachhilfe gemeinsam zu nutzen. Das Wartezimmer des Gehörlosenpfarramtes hätte dann der neuen Mitarbeiterin oder dem
neuen Mitarbeiter zur Verfügung gestanden. Die räumliche
Trennung zwischen Gehörlosenfachhilfe und Gehörlosenpfarramt wurde erst 1992 mit dem Auszug der Berufsschule
für Hörgeschädigte vollzogen, als das Gehörlosenpfarramt ein
eigenes Stockwerk im Gehörlosenzentrum bezog.

Von alten Schreibmaschinen und neuen Kopierern

Der Gehörlosenpfarrer musste anfangs nicht nur selbst für seine Amtsräume sorgen, auch bei der Infrastruktur hatte er seinen Bedarf geltend zu machen. Gustav Weber verfügte jedenfalls über eine Schreibmaschine:

> «Nervöse Erkrankung hat vor Jahren dem Unterzeichneten das Schreiben sehr mühsam werden lassen. Er hat darum zu dem Hülfsmittel einer Schreibmaschine greifen müssen und sich eine solche aus Privatmitteln angeschafft. Die aus den amtlichen Pflichten sich ergebende Notwendigkeit, in Sachen der Arbeitsbeschaffung öfter Anfragen im Land herum zu schicken, lässt aber unangenehm empfinden, dass mit dieser kleinen Maschine keine Durchschläge gemacht werden können [...] Da diese alte Maschine hautpsächlich im Dienst der Taubstummensache alt geworden ist, und auch eine neue ganz überwiegend hiefür in Anspruch genommen wird, erlaube ich mir die Bitte um einen Kredit, um eine Durchschläge liefernde Maschine auf Rechnung des Pfarramtes anschaffen zu dürfen.» (Jahresbericht Gehörlosenpfarramt 1912; StaZH T 44a1 Nr. 64)

Wie der Kirchenrat entschied, ist leider nicht bekannt. Er zeigte sich jedoch bereits bei Weber äusserst kulant, wenn neue Anforderungen an das Gehörlosenpfarramt einen Ausbau der Infrastruktur erforderten. Ab 1914 übernahm er die Telefonkosten und unterstützte damit den Gehörlosenpfarrer, seinen Auftrag effizient umzusetzen.

Auch die Spesenfrage bereitete Gustav Weber etliches Kopfzerbrechen. In seiner Amtszeit wurden die Spesen von nicht weniger als drei Stellen rückvergütet: Anfangs übernahm sie der Kirchenrat. Nach der Gründung des Zürcher Fürsorgeverein für Gehörlose (1911) belastete der Gehörlosenpfarrer diesem einen Teil seiner Reisespesen. Der Zürcher

Das Schreibtelefon erleichterte die Kommunikation der Gehörlosen. Auch das Gehörlosenpfarramt schaffte sich ein solches «Wundergerät» an. (Quelle: GHE Electronics)

Verein für kirchliche Liebestätigkeit (ZVfkL) beteiligte sich ebenfalls an den Spesen.

Dieses Provisorium der Aufteilung der Kosten zwischen Regierungsrat, Kirchenrat, ZVfkL und ZFVG dauerte bis zum 1. Juni 1945. Danach verpflichtete sich der Staat, die Besoldung und die Spesen des Gehörlosenpfarrers vollumfänglich zu übernehmen. Damit erhielt das Gehörlosenpfarramt auch Zugang zur kantonalen Materialzentrale und profitierte von deren Dienstleistungen. Beim Umzug ins Gehörlosenzentrum übernahm dann die kantonal zuständige Stelle nicht nur die Umzugskosten, sondern auch dessen Organisation. Und im Verlaufe der Zeit hielten Kopierer, Thermofaxe, eine neue Verpackungsmaschine, Schreibtelefone und schliesslich der Computer Einzug in die Büros des Gehörlosenpfarramts.

Vom Wirtshaus zur Gehörlosenkirche im Gehörlosenzentrum

Bis zum Einzug ins Gehörlosenzentrum besassen die Gehörlosen keinen eigentlichen Gottesdienstraum. Bei der Gründung des Gehörlosenpfarramtes hatte man noch keinerlei Erfahrungen, welche Bedingungen ein gehörlosengerechter Gottesdienstraum überhaupt erfüllen musste. Bereits damals zeichnete sich aber ab, dass die Gehörlosengottesdienste gar nicht zentral hätten abgehalten werden können. Zudem setzte das jeweilige Ableseproblem der Anzahl der Gottesdienstbesucher enge Grenzen. 20 bis 25 Besucher galten deshalb als ideale Besuchergrösse.

Die Kirchenpflegen stellten die Lokale für die Gehörlosengottesdienste zur Verfügung. Diese Lokale vermochten den Ansprüchen nicht immer zu genügen: Das Ablesen gestaltete sich zum Teil als schwierig, und die Räume galten als zu wenig feierlich. Die Kritik ist begreiflich: Als Treffpunkte standen den Gehörlosen unter anderem Kirchgemeinde- oder Schulhäuser zur Verfügung. In einem Fall traf man sich sogar in einem Wirtshaus. Auch wenn Gehörlosenpfarrer Weber das Wirtshaus als gemütlich bezeichnete, so konnte die Raumfrage in den Amtszeiten von Weber und Stutz nicht befriedigend gelöst werden.

Neuen Schwung erhielt die Suche nach geeigneten Gottesdiensträumen in der Amtszeit von Eduard Kolb, der begann zu experimentieren. Als ihm im dermatologischen Zentrum ein Hörsaal angeboten wurde, verlegte er die Gottesdienste kurzerhand dorthin. Der Erfolg war verblüffend: Praktisch alle Gehörlosen vermochten der Predigt zu folgen und konnten auch gut ablesen. Und dies bei einer Anzahl von Gottesdienstbesuchern, die weit über die empfohlenen 20 bis 25 Personen hinausging. Kolb begann beim Kirchenrat für einen gehörlosengerechten Gottesdienstraum zu werben. Mit seinem Anliegen stiess er auf offene Ohren. In den 1950er Jahren bestanden mehrere Bauvorhaben für neue Kirchgemeindehäuser. Der Kirchenrat beschloss, die Gehörlosenkirche in ein bereits bestehendes Bauprojekt zu integrieren, das Kirchgemeindehaus Im Gut im Heuried. Das Projekt scheiterte jedoch aus verschiedenen Gründen.

Inzwischen war bekannt geworden, dass die Genossenschaft Gehörlosenhilfe Zürich (GGHZ) einen Neubau auf dem Haldengut in Zürich Oerlikon plante. Der Kirchenrat prüfte die Option, wollte jedoch andere Projekte nicht einfach von vornherein verwerfen. Pfarrer Kolb war begeistert von der Idee, die Gehörlosenkirche im neuen Gehörlosenzentrum einzubauen.

Da das Gehörlosenzentrum von Grund auf neu geplant wurde, konnte das Gehörlosenpfarramt Amtsräume und Gehörlosenkirche nach seinen Vorstellungen planen und umsetzen lassen. Das Gehörlosenpfarramt besass nun plötzlich einen eigenen Gottesdienstraum und griff damit in die Kompetenzen der Stadtzürcher Zentralkirchenpflege ein. Die Zentralkirchenpflege, die die Suche nach einem Standort der Gehörlosenkirche eng begleitet hatte, übernahm die Gehörlosenkirche als Stockwerkeigentümerin, während der Kirchenrat weiterhin Löhne und Miete für das Gehörlosenpfarramt bezahlte. Am 1. November 1969 konnte das Gehörlosenpfarramt in das Gehörlosenzentrum einziehen. Es versteht sich gleichsam von selbst, dass die Einweihungsfeier gleich mit dem ersten ökumenischen Gottesdienst in der neuen Gehörlosenkirche gefeiert wurde.

Ökumene

Katholische Behindertenseelsorge

Die katholische Behindertenseelsorge setzte bei Caritas erst verhältnismässig spät ein. Bis in die 1930er Jahre war eine eigentliche «Behindertenseelsorge» weder bei Caritas

Schweiz noch beim Caritas-Verband der Stadt Zürich ein Thema, die ihre soziale Arbeit noch Mitte der 1920er Jahre auf die Bereiche Armenunterstützung sowie Arbeitslosen- und Typhusbekämpfung beschränkten. Sie lagen damit auf der Linie des Bundesrates, welcher der Typhus-Bekämpfung einen höheren Stellenwert einräumte als der Unterstützung von Behinderten und ihren Verbänden.

Bereits Ende der 1920er Jahre wurde beim Schweizerischen Caritasverband der Aufbau einer katholischen Behindertenfürsorge aber diskutiert. Nach dem eine Zusammenarbeit mit der aus der Sicht der Caritas protestantisch orientierten Pro Infirmis (gegründet 1921) gescheitert war, sah sich Caritas gezwungen, eigene Konzepte für Behinderte zu entwickeln.

Mit dem Aufbau einer katholisch geprägten Behindertenfürsorge geriet gleichzeitig die seelsorgliche Betreuung der Behinderten in den Gesichtskreis des Caritas-Verbandes. Als erste Massnahme erhielten die Blinden und Schwerhörigen eigene Gottesdienste. Sowohl bei den Blinden wie auch bei den Schwerhörigen ging die Initiative von den Betroffenen selbst aus und war mit geringem Aufwand umsetzbar. Die Schwerhörigen verlangten lediglich die Berücksichtigung der religiösen Bedürfnisse von katholischen Schwerhörigen.

In Zusammenarbeit mit dem Bund Schweizerischer Schwerhörigenvereine (BSSV, heute pro audito Schweiz) übernahm der Schweizerische Caritasverband für die Zentralschweiz zunehmend Aufgaben, die der BSSV für sich beanspruchte. Neben der religiösen Betreuung unterstützte er die Gründung neuer Schwerhörigenvereine oder organisierte Absehkurse. Ähnlich verhielt es sich bei den Blinden. Entsprechend früh setzte der Schweizerische Caritasverband Kommissionen ein, welche die spezifischen Bedürfnisse der Schwerhörigen und Blinden abklärten. Die Ge-

Trieb den Ausbau der katholischen
Gehörlosenseelsorge voran:
Pater Artur Teobaldi.
(Quelle: Generalvikariat des
Kantons Zürich)

hörlosen, denen die Lobby der Betroffenen fehlte, bekamen
nicht überraschend erst 1938 eine eigene Fachkommission.
Eine Gehörlosenzählung zur Bedürfnisabklärung wurde
erst 1942 in Auftrag gegeben.

Auch in Zürich erhielten Blinde (1935) und Schwerhörige
(1936) zuerst eigene Gottesdienste. Erst 1941 folgten Gottesdienste für Gehörlose. Der Gründer des 1926 entstandenen stadtzürcherischen Caritasverbandes, Pater Dr. Arthur
Teobaldi, wurde 1936 zum Leiter der Stadtzürcher Sektion
ernannt. Dies bedeutete für ihn auch eine intensivere Zusammenarbeit mit dem Schweizerischen Caritasverband.
Seine Mitarbeit in den Fachkommissionen – namentlich
der Schwerhörigen – dürfte Teobaldi massgeblich inspiriert
haben.

Die Behindertenseelsorge stellte aber nach wie vor nur
einen kleinen Teilbereich der Fürsorgeaktivitäten des Caritasverbandes der Stadt Zürich dar. Denn der stadtzürcheri-
sche Caritasverband war auch für die Seelsorge von allein-
stehenden Männern und Frauen, für die Familienseelsorge,
für die Seelsorge der Flüchtlinge und für die Seelsorge der
Alkoholgefährdeten verantwortlich. Neue Aufgaben wie
Kinderkrippen oder Obdachlosenheime banden zusätzlich
die zur Verfügung stehenden Mittel.

Pfarrer Hans Brügger stellte die katholische Gehörlosen- seelsorge auf eine eigene rechtliche Grundlage. (Quelle: katholische Gehörlosenseelsorge)

In den 1960er Jahren zeigte sich, dass die katholische Behindertenseelsorge mit den vorhandenen Mitteln nicht weitergeführt werden konnte, auch wenn sich die Arbeit zunehmend professionalisierte und zusätzliche Mitarbeiter eingestellt wurden. Der damalige Direktor des stadtzürcheri- schen Caritasverbandes, Vikar Hans Brügger (1923–1995), leitete die Behindertenseelsorge im Nebenamt. Allein bei der Gehörlosenseelsorge hatte er aber die gleichen Aufgaben zu übernehmen wie sein hauptamtlicher reformierter Kollege Pfarrer Kolb.

Im Jahresbericht von 1964 entwarf Brügger einen Vier- punkteplan für die Verselbständigung der Behindertenseel- sorge und die Errichtung eines neuen «Behindertenpfarram- tes». 1966 heisst es im Jahresbericht, dass ein entsprechendes Postulat den kirchlicherseits Verantwortlichen nochmals hatte unterbreitet werden müssen. Danach konnte Brügger in Zusammenarbeit mit den kirchlichen Amtsstellen die Schaffung einer selbständigen Behindertenseelsorgestelle vorbereiten. Die Gründung eines Trägervereins sowie die finanzielle Zusicherung von Brüggers Vorgesetzten, der Rö- misch-katholischen Zentralkommission des Kantons Zürich und der Römisch-katholischen Kirchgemeinde, erlaubten es, 1971 die Behindertenseelsorgestelle zu eröffnen.

Von der Dualität zur Ökumene

Der Kirchenrat der Evangelisch-reformierten Landeskirche des Kantons Zürich unterstützte zwar 1909 die Pastoration der Gehörlosen, sie sollte aber nur den reformierten Gehörlosen zugute kommen. Die strikte Trennung zwischen katholischen und reformierten Gehörlosen liess sich nicht aufrechterhalten. Gehörlosenpfarrer Weber stellte die unter dem Stichwort «nachgehende Fürsorge» laufenden Aktivitäten auch den katholischen Gehörlosen zur Verfügung. Erst während der Amtszeit von Jakob Stutz hatte die Caritas-Zentrale in der Stadt Zürich, das Know-how erworben, um den katholischen Gehörlosen eigene Dienstleistungen anzubieten. Dabei profitierte man von der Zusammenarbeit mit der Fürsorgerin Martha Muggli. Die Aufschlüsselung zwischen reformierten und nicht reformierten Gehörlosen bedeutete für den Gehörlosenpfarrer vor allem eine statistische und administrative Unterscheidung. Trotzdem kam es zwischen Katholiken und Reformierten bei ökumenischen Fragen zu Spannungen, wie der Bericht über eine konfessionsverbindende Heirat im Jahresbericht von Pfarrer Kolb von 1957 zeigt:

> «Viel Aufregung gab die Hochzeit eines meiner Kirchenhelfer mit einem katholischen, aber unserer Kirche nahestehenden Mädchen aus Truns. Bei einem Besuch bei den Eltern des Mädchens wurde der junge Taubstumme auf abends um 7 Uhr zum katholischen Ortspfarrer gebeten und dort während vier Stunden bearbeitet. Es wurde ihm erklärt, er werde das Mädchen nie heiraten können, wenn er sich nicht zu einer katholischen Trauung entschliesse. Die Eltern, das katholische Pfarramt und die politische Gemeinde werden mit allen Mitteln (Eheeinsprache, vormundschaftliche Massnahmen u.s.w.) ein kirchenrechtliches

Gemeinsame Projekte vertiefen die gute Zusammenarbeit zwischen der reformierten und der katholischen Gehörlosengemeinde. Im Bild: Gehörlosenseelsorger Peter Schmitz-Hübsch und seine Kolleginnen Marianne Birnstil (Zürich) und Anita Kohler (Aargau) am ökumenischen Gottesdienst vom 24. Mai 2009 in der Stadtkirche Baden. (Quelle: Katholische Gehörlosenseelsorge)

‹Konkubinat› zu verhindern wissen. Nach meiner Meinung war hier der strafrechtliche Strafbestand einer Nötigung erfüllt, als der Taubstumme nachts gegen 12 Uhr endlich seine Unterschrift für die katholische Trauung gab, wobei zwei Nonnen als Zeugen fungierten, welche im Nebenzimmer den ganzen Abend darauf gewartet hatten.

Ich habe denn auch ohne Gewissensbisse, als das Brautpaar wieder im Kanton Zürich war, auf dringliche Bitten aller Beteiligten – besonders der katholischen Braut – die Sache umgestossen und die beiden in der Kirche Männedorf reformiert getraut und gerne dafür eine Woche meiner Ferien geopfert.» (Jahresbericht und Jahresrechnung Gehörlosenpfarramt 1957; StAZH 5.757)

Nach dem Zweiten Weltkrieg machte die ökumenische Zusammenarbeit rasche Fortschritte. 1950 wurde der Direktor der Caritas Zürich, Hans Brügger, als katholischer Vertreter in den Vorstand des Zürcher Fürsorgevereins für Gehörlose gewählt, wo er auf seinen Fachkollegen Eduard Kolb traf.

Als 1969 das reformierte Gehörlosenpfarramt in das Gehörlosenzentrum einzog, wurde die Zusammenarbeit beinahe zur Pflicht. Denn beiden Konfessionen stand die Gehörlosenkirche zu ähnlichen Bedingungen zur Verfügung. 1999 lancierte schliesslich die katholische Gehörlosenseelsorge ein Konzept für eine gehörlosengerechte Jugendarbeit. Diese Idee wurde mittlerweile umgesetzt: Die Ökumenische Jugendarbeit (okja) steht unter der Leitung des Gehörlosen Gian Reto Janki.

1963 wurde die römisch-katholische Kirche vom Kanton Zürich als öffentlich-rechtliche Körperschaft anerkannt. Seither wird das reformierte Gehörlosenpfarramt durch den Zusatz «evangelisch-reformiert» vom «Katholischen Gehörlosenpfarramt» unterschieden.

Auf schweizerischer Ebene bot die «Schweizerische Arbeitsgemeinschaft für Taubstummenseelsorge» ebenfalls Möglichkeiten, die ökumenische Zusammenarbeit schweizweit zu koordinieren und zu vertiefen. Ziel der Arbeitsgemeinschaft war seit je die Verbesserung der Ausbildung von Gehörlosenseelsorgern. Dieses Ziel unterstützte die Schweizerische Caritas-Zentrale, u. a. 1967 mit einem Beitrag an den 1. Ausbildungskurs für Gehörlosenseelsorger. Der Kurs war ökumenisch ausgerichtet, im praktischen Teil fanden je ein reformierter und katholischer Gottesdienst mit Mitwirkung des Mimenchors statt. Ein Jahr später leistete die Caritas einen Beitrag für ein Projekt der Schweizerischen Arbeitsgemeinschaft für Gehörlosen-Seelsorge, die Durchführung einer interkonfessionellen Tagung der süddeutschen und schweizerischen Gehörlosenseelsorger.

1970 wurde die Zusammenarbeit noch einmal intensiviert, da die Arbeitsgemeinschaft nur dann Beiträge von der IV sowie kirchlichen und anderen Institutionen erhalten konnte, wenn sie sich interkonfessionell ausrichtete. Dies führte zur Auflösung der bestehenden Arbeitsgruppe und zur Neugründung als Schweizerische Arbeitsgemeinschaft für Gehörlosen-Seelsorge. Im Protokoll der Gründungsversammlung werden die Gründe für die Neugründung genannt:

> «Indem sich die evangelischen und katholischen Gehörlosen-Seelsorger zusammenschliessen, leisten sie einen wertvollen Beitrag für die Oekumene. Direktor Brügger weist darauf hin, dass die katholische Sektion bereits im Januar den Beschluss zu dieser Zusammenarbeit gefasst hat. Von der Sache her gesehen ist eine Zusammenarbeit notwendig. [...]» (Protokoll der Gründungsversammlung, 7. Sept. 1970, der Schweizerischen Arbeitsgemeinschaft für Gehörlosen-Seelsorge)

Dass Gehörlosenpfarrer Eduard Kolb und Behindertenseelsorger Hans Brügger in Kommissionen zusammenarbeiteten und eine persönliche Beziehung hatten, hat den Aufbau einer ökumenischen Zusammenarbeit in Zürich sicher gefördert. Darauf konnten auch ihre Nachfolger aufbauen. Bereits kurz nach der Einsetzung des Nachfolgers von Brügger, Pater Silvio Deragisch, führten die beiden Gehörlosengemeinden am 11. April 1982 erstmals einen ökumenischen Oster-Gottesdienst mit «Eiertütschen» durch. Und auch unter Gehörlosenpfarrerin Birnstil wird das gute Verhältnis zur katholischen Gehörlosenseelsorge gepflegt.

Weitere gemeinsame Aktionen wie ökumenische Gebetstage, ökumenische Feiertags- oder Bettagsgottesdienste tragen bis heute dazu bei, dass die Ökumene in der Gehörlosenseelsorge lebendig bleibt. Die wohl wichtigste Verbindung zwischen den beiden Konfessionen ist aber die Gehörlosenkirche. Dass beide Konfessionen bis heute dort ihre Gottesdienste abhalten, dürfte ebenfalls zur Stärkung des ökumenischen Gedankens beigetragen haben.

CHRONOLOGIE GEHÖRLOSENPFARRAMT

Jahr	Gehörlosenpfarramt	Gehörlosenwesen	Weiteres
1895		Sutermeisters Anstaltserlebnisse erscheinen.	
		Gründung der Krankenkasse für Taubstumme (Gehörlosenverein Krankenkasse).	
1900		Sutermeisters «Desiderium» erscheint.	
1903	Instruktionskurs für kirchliche Liebestätigkeit in Zürich.		
	Erklärung des Zürcher Kirchenrates, die Gehörlosenfürsorge an die Hand zu nehmen.		
1904	Statistische Erhebung der Gehörlosen im Kanton Zürich durch die Pfarrämter.		

|------|--------------------|-----------------|----------|

1905		Gründung der Taubstummenschule in Turbenthal für schwachbegabte Kinder	
1906	Gründung des Zürcher Verbandes für kirchliche Liebestätigkeit		
1907	Gotthilf Kull zieht seine Kandidatur als Gehörlosenpfarrer zurück	Einführung des ZGB	
1909	Gustav Weber wird zum Taubstummenpfarrer gewählt	Verstaatlichung der Blinden- und Taubstummenanstalt Zürich durch den Kanton	
1910	Erste Kirchenhelfer mit beratender Funktion		
1911		Gründung des Schweizerischen Fürsorgevereins für Taubstumme (heute Sonos) und des Zürcher Fürsorgevereins für Taubstumme (heute Zürcher Fürsorgevereins für Gehörlose ZFVG). Wahl von Weber in den Vorstand des Zürcher Fürsorgevereins für Gehörlose, ZFVG. Gründung des Hirzelheims für taubstumme Frauen in Regensberg	
1913	Einschränkung der Gottesdienste durch Maul- und Klauenseuche	Maul- und Klauenseuche im Kanton Zürich. Tod von August Reichart, Mitglied der ersten Gehörlosengemeinde, Gründungsmitglied der Krankenkasse	

Jahr	Gehörlosenpfarramt	Gehörlosenwesen	Weiteres
1914	Einführung des Jungfrauenvereins des Gehörlosenpfarramtes		Ausbruch des Ersten Weltkriegs
1915	Definitive Einführung des Gehörlosenpfarramtes durch Regierungsratsbeschluss		
1916		Gründung des Taubstummenfussballklubs, Zürich	
1918	Einschränkung der Gehörlosengottesdienste durch Eisenbahnstreik und Kohlenmangel		Ende des Ersten Weltkrieges Landesstreik
1920			Gründung der Pro Infirmis
1933			Fachkommission für die Schwerhörigen beim Schweizerischen Caritasverband
1934	Gründung der Genossenschaft Gehörlosenhilfe Zürich mit einer Lehrlingswerkstatt in Zürich-Oerlikon		Tod von Gehörlosen-pfarrer Gustav Weber
1935	Amtsantritt Jakob Stutz als Gehörlosenpfarrer	Caritas Zürich schafft die katholische Behinderten-seelsorge (vorerst für Blinde und Schwerhörige)	
1936	Gründung der Schweiz. Gesellschaft der Gehörlosen		
1938		Fachkommission für die Gehörlosen beim Schweiz. Caritasverband	
1939	Amtsantritt Martha Muggli bei der Gehörlosen-seelsorge		Ausbruch des Zweiten Weltkrigs

Jahr	Gehörlosenpfarramt	Gehörlosenwesen	Weiteres
1940		Amtsantritt Martha Muggli beim ZFVT (heute ZFVG)	
1941		Erweiterung der Anstalt für Schwachbegabte taubstumme Kinder und Taubstummenheim Turbenthal in ein Altersheim für gehörlose Männer	
1942		Erste Gehörlosengottesdienste für Katholiken in Zürich durch Martha Muggli und Arthur Teobaldi	
1943		Dieboldsaffäre	
1945	Pensionierung von Jakob Stutz Amtsantritt von Eduard Kolb Vollständige Übernahme der Kosten des Gehörlosenpfarramtes durch den Staat per 1. Mai		Ende des Zweiten Weltkriegs
1946		Gründung des Schweizerischen Gehörlosenbundes (SGB-FSS)	
1950		Einsitz von Hans Brugger in die Zürcher Gehörlosenfachhilfe als Vertreter der Katholiken	
1951	Gehörlose Kirchenhelfer durch Kolb eingesetzt		Gründung des World Federation of the Deaf (WFD) in Rom

179

Jahr	Gehörlosenpfarramt	Gehörlosenwesen	Weiteres
1953	Gründung des Mimenchors		
1955	Neues Reglement für den Gehörlosenpfarrer		
1959	Gastauftritt des Mimenchors am Weltkongress	3. Weltgehörlosenkongress in Wiesbaden	Aufnahme der Schweiz in den WFD
		Gründung der Schweizerischen Arbeitsgemeinschaft evangelischer Taubstummenseelsorger (heute SOGS)	
1960			Einführung der IV
1961	Gründungsversammlung der Ökumenischen Arbeitsgemeinschaft der Taubstummenpfarrer		
	Erste Konferenz der europäischen Taubstummenseelsorger in Hannover (Vorgänger des Int. Ökumenischen Arbeitskreis für Taubstummenseelsorge)		
1965		Katholische Gehörlosengemeinde	
1968			Anerkennung der katholischen Kirche als Staatskirche durch den Kanton Zürich
1969	Einzug des Gehörlosenpfarramtes und der Gehörlosenkirche ins Gehörlosenzentrum	Neugründung Schweizerische Arbeitsgemeinschaft für Gehörlosen-Seelsorge (heute SOGS)	
		Einweihung des Gehörlosenzentrums	
1970			Tod von Gehörlosenpfarrer Jakob Stutz

Jahr	Gehörlosenpfarramt	Gehörlosenwesen	Weiteres
1971			Katholische Behinderten-seelsorge nimmt Betrieb auf
			Deaflympics in Adelboden
1972	Einweihung der «Taubstummenorgel» in der Gehörlosen-kirche	Verein Gehörlosenseelsorge wird als Träger der katholischen katholischen Gehörlosenseel-sorge gegründet	
1975	Einsetzung des Gemeindevorstands		
1984	Pensionierung von Gehörlosenpfarrer Eduard Kolb		
	Wahl von VDM Marianne Birnstil		
	Pfr. Ruedi Reich wird Präsident der Aufsichtskommission des Gehörlosenpfarramtes		
1987	Letztes internationales Gastspiel des Mimenchors in Helsinki		
1992			Auszug der Berufsschule für Hörgeschädigte aus dem Gehörlosenzentrum
1993	Umzug des Gehörlosenpfarramtes innerhalb des Gehörlosenzentrums auf das heutige Stockwerk		
1999	Gründung der Ökumenischen Jugendarbeit		
2000			Tod von Gehörlosen-pfarrer Eduard Kolb
2009	100-Jahr-Feier des Gehörlosenpfarramtes		

AMTSZEITEN DER GEHÖRLOSENPFARRER

1909–1934   *Gustav Weber*
             (1862–1934, im Amt verstorben)

1935–1945   *Jakob Stutz* (1875–1970)

1945–1984   *Eduard Kolb* (1918–2000)

1984 bis heute *Marianne Birnsti*l (*1947)

Ungedruckte Quellen

Staatsarchiv Zürich

T 44a1, T 44a2, Z 5.757, Z 5.758, Z 5.759, Z 5.761, Z 5.762, Z 5.763, Z 5.764, Z 5.765, Z 5.765, Z 5.768, Z 5.772, Z 5.773, Z 5.774.

Staatsarchiv Luzern

PA 461.

Schweiz. Bundesarchiv

E 2001 (E), E 2200.19, E 3001 (A), J2.143.

GEDRUCKTE QUELLEN

Jahresberichte und Protokolle

Jahresberichte des Zürcherischen Fürsorgevereins für Gehörlose, 1911–1950.

Jahresberichte des Gehörlosenpfarramtes an den hohen Kirchenrat 1909–1938, 1957

Jahresberichte der Schweizerischen Arbeitsgemeinschaft Evangelischer Taubstummenseelsorger von 1959–1968.

Bericht über den Instruktionskurs für kirchliche Liebestätigkeit vom 12.–15. Oktober 1903 in Zürich (Beilage zu Nr. 1 der Mitteilungen der schweizerischen Kommission für kirchliche Liebestätigkeit). Zürcher und Furrer, Zürich.

Hepp et. al (1926). Die Taubstummheit im Kanton Zürich. Ergebnisse einer Erhebung im Jahre 1926. Winterthur, Ziegler.

Katholische Behindertenseelsorge (1998). Konzept für eine gehörlosengerechte Jugendarbeit. Ausgearbeitet von Gian Reto Janki und Andreas Beerli.

Muggli Marta (1939). Lebensschwierigkeiten weiblicher Gehörloser nach Entlasssung aus der Taubstummenanstalt und Vorschläge zu ihrer Überwindung. Diplomarbeit Soziale Frauenschule, Zürich.

Letzte Versammlung der Schweizerischen Arbeitsgemeinschaft für Taubstummenseelsorger, 1969

Protokoll der Gründungsversammlung vom 7.9.1970 der Schweizerischen Arbeitsgemeinschaft für Gehrölosenseelsorge.

Protokolle des Gemeindevorstands von 1979–1989.

Protokolle der Kirchenhelfertagungen von 1951–1984.

1. Protokoll der Sitzung der Evangelischen Sektion der Schweizerischen Arbeitsgemeinschaft für Gehörlosen-Seelsorge vom 30. November 1970.

Sutermeister Eugen (1895). Das Anstaltsleben eines Taubstummen von ihm selbst erzählt. Haller'sche Buchdruckerei, Fritz Haller & Co, Bern (Verein für Verbreitung guter Schriften, Nr. 17).

Sutermeister Eugen (1900). Verlassene. Ein Desiderium an die Kirche. Buchdruckerei A. Benteli & Co, Bern.

Sutermeister Eugen (1903). Kirchliche Fürsorge für die erwachsenen Taubstummen. Separatabdruck aus dem «Organ für Taubstummen-Anstalten». Friedberg.

Sutermeister Eugen (1910). Fürsorge für erwachsene Taubstumme in der Schweiz. Denkschrift und Aufruf an das Schweizervolk (an die Kantonsregierungen, Erziehungs- und Kirchendirektionen, an gemeinnützige Vereine, Menschenfreunde usw.). Eigenverlag, Bern.

Sutermeister Eugen (1929) Quellenbuch zur Geschichte des Schweizerischen Taubstummenwesens. 2 Bände. Selbstverlag, Bern.

Schweizerischer Verband für Taubstummen- und Gehörlosenhilfe (1967). Taubstummenseelsorge: Gestern – heute – morgen. o. O. (Separatabdruck).

Ulrich Marianne (1943). Die Taubstummenehe und ihre praktische Auswirkung (Eine Erhebung bei 50 taubstummen Ehepaaren im Kt. Zürich). Diplomareit Soziale Frauenschule, Zürich

ZEITUNGSARTIKEL

Schweizerische Gehörlosenzeitung (vormals Schweizerische Taubstummenzeitung)

Aus der Begräbnisrede für Herrn A. Reichart in Zürich, in: Schweizerische Taubstummen-Zeitung Nr. 10, 7. Jahrgang, 15. Mai 1913, 73–75.

Bericht über den III. Weltkongress der Gehörlosen in Wiesbaden, in: Schweiz. Gehörlosen-Zeitung vom 1. Oktober 1959, 53. Jahrgang, 241–243.

Das Opfer der Ehelosen, in: Schweizerische Gehörlosenzeitung, Nr. 1, 52. Jahrgang, 1. Januar 1958, 4–7.

Der III. Weltkongress der Gehörlosen in Wiesbaden, in: Schweizerische Gehörlosenzeitung Nr. 8, 54. Jahrgang, 15. April 1960, 122–123.

Der III. Weltkongress der Gehörlosen in Wiesbaden (Schluss), in: Schweizerische Gehörlosenzeitung Nr. 9, 54. Jahrgang, 1. Mai 1960, 136–137.

Die Taubstummheit in der Schweiz, in: Schweizerische Gehörlosenzeitung, Nr. 22, 53. Jahrgang, 15. November 1959, 298–299.

Ein Jubilar, in: Schweizerische Gehörlosenzeitung Nr. 5, 52.Jahrgang, 1. März 1958, 74.

Grussworte für Gian Reto Janki, in: Sonos: Nr. 10, 102.Jahrgang, 5–6.

Hat der Mimenchor eine Zukunft?, in: Gehörlosen-Zeitung vom 15. Oktober 1957, 51. Jahrgang.

Vom Zürcher Mimenchor (Autor: Heinz Walter), in: Schweizerische Gehörlosenzeitung, Nr. 23, 55. Jahrgang, 1. Dezember 1961, 341–342.

Würdigung von Gian Reto Janki, in: Sonos, Nr. 10, 102. Jahrgang, 4.

Zürcher Mimenchor der Gehörlosen. Gastspielreise nach Süddeutschland, 17.–19. November 1956 (Autor: Otto Gygax), in: Schweizerische Gehörlosenzeitung, Nr. 9, 51. Jahrgang, 1. Mai 1957, 134–136.

Weitere Zeitungsartikel

Clubnachrichten Nr. 3., 1. Jahrgang, September 1959 über den Dreiländerwettkampf in Turin. Autor: Heinrich Schaufelberger

Gebhard Michael (2009). Wie die Bundessubventionen das Gehörlosenwesen umkrempelte, in: visuell plus, Nr. 2, 9. Jahrgang, 10–11.

Gebhard, Michael (2009). Als der Weltkongress aus der Taufe gehoben wurde, in: visuell plus, Nr. 7/8, 9. Jahrgang, 18–19

Koller Christian (2008). Als der Fussball volksnah wurde und als ungesund galt, in: Tages Anzeiger vom 3. September 2008, 15.

Taubstummenpfarrer Gustav Weber +, in: Neue Zürcher Zeitung vom 1. November 1934, Nr. 1962. o. O.

FESTSCHRIFTEN

Brügger Hans (1979). Katholische Behindertenseelsorge. Dargestellt am Beispiel der Behindertenseelsorge Zürich aus Anlass des Dreissig-Jahr-Amtsjubiläums ihres Leiters Hans Brügger. NZN Buchverlag, Zürich.

GSVZ. 75 Jahre 1916–1991. Zürich. O. J.

Zdrawkow Zdrawko. Gehörlos in Zürich. Chronik 25 Jahre Stiftung Treffpunkt der Gehörlosen TdG 1980–2005. O. J.

Zürcher Fürsorgeverein für Gehörlose 1939/40–1990. 50 Jahre Beratungsstelle. Jahresbericht 1989. O. O.

MONOGRAPHIEN

Engel Roland (1990). Gegen Festseuche und Sensationslust. Zürichs Kulturpolitik 1914–1930 im Zeichen der konservativen Erneuerung. Chronos Verlag, Zürich.

Flüeler Niklaus und Flüeler-Grauwiler Marianne (Hg.) (1996).Geschichte des Kantons Zürich, 3 Bände. Werd-Verlag, Zürich.

Gebhard Michael (2007). Hören lernen – hörbehindert bleiben. Die Geschichte von Gehörlosen- und Schwerhörigenorganisationen in den letzten 200 Jahren. Hier und Jetz, Baden.

Jung Beat (Hrsg.) (2006). Die Nati. Die Geschichte der Schweizer Nationalmannschaft. Verlag Die Werkstatt GmbH, Göttingen.

Huonker Thomas (2002). Anstaltseinweisungen, Kindswegnahmen, Eheverbote, Sterilisationen, Kastrationen. Fürsorge, Zwangsmassnahmen, «Eugenik» und Psychiatrie in Zürich zwischen 1890 und 1970. Sozialdepartement der Stadt Zürich (Sozialberichterstattung '02).

Katholische Behindertenseelsorge des Kantons Zürich (1988). Dokumentation Behindertenseelsorge Zürich. Redaktion: Hans Brügger und Erich Järmann.

Ringli Gottfried (2007). Reichtum aus der Stille. Max Bircher 1907–2001. Leben und Vermächtnis. Max Bircher Stiftung, Zürich.

Ringli Gottfried (2004). «Mein Traumberuf war und blieb Lehrerin …». Geschichte der Berufsbildung für Gehörlose in der deutschsprachigen Schweiz und der Berufsschule für Hörgeschädigte in Zürich 1954–2004.Berufsschule für Hörgeschädigte, Zürich.

Schader Basil und Leimgruber Walter (Hrsg.) (1993). Festgenossen. Über Wesen und Funktion eidgenössischer Verbandfeste. Helbling und Lichtenhahn, Basel und Frankfurt am Main (Nationales Forschungsprogramm 21, Kulturelle Vielfalt und Identität).

Schawalder Susanne (2000). Flügel in Ketten. Die Schweizerische Vereinigung für Anormale (Pro Infirmis) und die Legitimation einer «Anormalenhilfe» 1920–1955. Unveröffentlichte Lizenziatsarbeit, Zürich.

Schmid Gotthard (1954). Die evangelisch-reformierte Landeskirche des Kantons Zürich. Eine Kirchenkunde für unsere Gemeindemitglieder. Schulthess & Co. AG, Zürich.

Wolfisberg Carlo (2002). Heilpädagogik und Eugenik. Zur Geschichte der Heilpädagogik in der deutschsprachigen Schweiz (1800–1950). Chronos-Verlag, Zürich.

AUFSÄTZE

Gygax Otto (1961). Mit den Augen eines Gehörlosen gesehen, in: Taubstummengemeinde. Festschrift zum 50jährigen Jubiläum. Zürich, 147–150.

Kessler Rita (2007). Nachtleben im Zürcher Niederdorf um 1915. Nach den Erinnerungen von Emmy Hennings und Hugo Ball, in: Zürcher Taschenbuch, Neue Folge, 120. Jahrgang. Herausgegeben von einer Gesellschaft zürcherischer Geschichtsfreunde in Zusammenarbeit mit dem Staatsarchiv Zürich. Sihldruck AG, Zürich, 283–308.

Knittel Alfred (1961). Fünfzig Jahre Taubstummenpfarramt Zürich 1909–1959, in: Taubstummengemeinde. Festschrift zum 50jährigen Jubiläum. Zürich, 121–142.

Kolb Eduard (1953). Gedanken zur Arbeit an den erwachsenen Taubstummen. Kurzvortrag, gehalten am 16. September 1953 im Pestalozzianum, anlässlich der Generalversammlung des Zürcherischen Fürsorgevereins für Taubstumme.

Kolb Eduard (Hg.) (1954). Wir suchen neue Wege im Taubstummengottesdienst. Buchdruckerei B. Fischer, Münsingen.

Kolb Eduard (1961). Pfarrer Heinrich Keller in Schlieren, in: Taubstumengemeinde. Festschrift zum 50jährigen Jubiläum. Zürich, 32–121.

Kolb Eduard (1971). Die reformierte Gehörlosenseelsorge in der Schweiz, in: Ders: Die Ausbildung der Taubstummenseelsorger. O. O.

Lüem Max (1961). Der Mimenchor als Gemeinschaft, in: Taubstummengemeinde. Festschrift zum 50jährigen Jubiläum. Zürich, 248–252.

Tanner Margrit: Was bedeutet für mich der Mimenchor?, in: Taubstummengemeinde. Festschrift zum 50jährigen Jubiläum. Zürich, 254.